巻頭文

詩への入りかた

谷川俊太郎

世界にはいったいどれだけの数の詩があるのでしょうか、いったい何人の詩人がいた（いまもいる）のでしょうか。地球上のその土地の言葉で、その時代に〈詩〉と呼ばれる声をあげた人たち、文字を書きつけた人たち、彼ら彼女らが発した言葉がいまも生きていて、私たちをときに励まし、ときに涙ぐませ、ときに笑わせてくれる、考えてみるとそれは信じられないくらい素晴らしいことではないでしょうか。

でも詩はよく分からない、詩の世界にどう入っていけばいいのか、そんな問いかけに接することがよくあります。そんなとき私はこんなふうに答えます。詩が苦手だろうが、食わず嫌いだろうが、とにかくなんでもいいから詩と呼ばれているものを、まず広く浅く読んでみること、そして一篇でいいから心にひっかかった詩、好きだなと思えた詩を見つけること、それが詩の世界への入り口です。

この『15歳の詩』シリーズはいわゆるアンソロジー（詞華集）の形で、古今東西の詩が集められています。各巻の巻頭文を書くために通読を繰り返して、私はこれまで味わったことのないのびやかな気持ちに襲われました。それは「詩人たちはみんないい詩を書いているなあ」という、同業者同士（！）の仲間意識に支えられたなんとも素朴な感動でした。過去に何度も読んで知っている詩も多いのですが、たとえよく知っている詩であっても、受ける感動が初めてのように新しい。その点では詩は音楽に通じていますし、年齢によって好きな音楽が移り変わるように詩の好みも年齢、経験によって変わりますが、いったん好きになった詩を嫌いになることはまずありません。

15歳の詩①「愛する」の巻頭文に私は「感動にはじまる」を書きました。六十年以上にわたって詩を読み、詩を書いてきた私にも、まだ詩に感動するエネルギーが生きていたということと、まだ詩を信じているということに、私は喜びを感じたのです。

ふだんの生活で感ずるあらゆる感情が詩の生まれるきっかけや素材になりますが、笑いもまた詩を生む感情のひとつです。現代の詩には否定的な感情を装うものも少なくありませんが、笑いはたとえそれが苦笑や憫笑《びんしょう》や冷笑であってもどこかに肯定的なものを秘めているように思います。

大人になるまでに読みたい　15歳の詩⑥

わらう

【目次】

なんでもないことのようで　

晴れる心 179

表記について

＊収録した作品については漢字は新字で表記しました。／＊仮名づかいについては、その作者の全集および作品集を参考にしました。旧仮名づかいの場合はそのままとしました。同じ語の繰り返しを示す「ゝ」「〱」などの踊り字は、改めました。／＊ふりがなは、底本としたテキストに付けられているものは、そのままとしました。読み方が難しいと思われる語には（　）としてふりがなを付けました。／＊作品の一部に、現在から見て人権にかかわる不適切と思われる表現・語句が含まれていますが、作者の意図はそれら差別を助長することにはないこと、そして執筆時の時代背景と、文学的価値を鑑み、原文を尊重しそのままとしました。

（編集部）

ちょっと苦くて

着物

石垣りん

犬に着物をきせるのは
よいことではありません。
犬に着物をきせるのは
わるいことでもありません。
犬に着物をきせるのは
さしあたってコッケイです。
人間が着物をきることは
コッケイではありません。

＊石垣りん（いしがき・りん）
一九二〇（大正9）年、東京市赤坂（現・東京都港区赤坂）生まれ。一九三八（昭和13）年、女性詩人の活躍の場となる雑誌『断層』を発刊（一九四三〈昭和18〉年まで刊行）。戦前より日本興業銀行に勤め、戦後は銀行の機関誌などにも作品を発表する。一九五九（昭和34）年、第一詩集『私の前にある鍋とお釜と燃える火と』を刊行。詩集に『表札など』（一九六八〈昭和43〉年、H氏賞）などがある。また、詩集のほかに『ユーモアの鎖国』（一九七三〈昭和48〉年）、『焔に手をかざして』（一九八〇〈昭和

古い習慣
古い歴史

人間が犬に着物をきせたとき
はじめて着物が見えてくる
着せきれない部分が見えてくる。

からだに合わせてこしらえた
合わせきれない獣《けもの》のつじつま。

そのオカシサの首に鎖をつけて
気どりながら
引かれてゆくのは人間です。

55〉年）などのエッセイ集がある。二〇〇四（平成16）年、84歳で死去。

ほほえみ

谷川俊太郎

ほほえむことができぬから
青空は雲を浮べる
ほほえむことができぬから
木は風にそよぐ

ほほえむことができぬから
犬は尾をふり——だが人は
ほほえむことができるのに
時としてほほえみを忘れ

ほほえむことができるから
ほほえみで人をあざむく

＊谷川俊太郎（たにかわ・しゅんたろう）
一九三一（昭和6）年、東京都杉並区生まれ。一九五〇（昭和25）年、豊多摩高等学校を卒業。同年、『文学界』に初めて詩を発表し注目を集める。一九五二（昭和27）年に第一詩集『二十億光年の孤独』を刊行。一九五九（昭和34）年、詩論集『世界へ！』を刊行。詩集、エッセイ集、絵本、翻訳書など多くの著作がある。詩作のほかに、脚本、戯曲、作詞など多方面で活躍。

昨日いらつしつて下さい

室生犀星

きのふ　いらつしつてください。
きのふの今ごろいらつしつてください。
そして昨日の顔にお逢ひください、
わたくしは何時も昨日の中にゐますから。
きのふのいまごろなら、
あなたは何でもお出来になつた筈です。
けれども行停りになつたけふも
あすもあさつても
あなたにはもう何も用意してはございません。
どうぞ　きのふに逆戻りしてください。
きのふいらつしつてください。

＊室生犀星（むろう・さいせい）
一八八九（明治22）年、石川県金沢市生まれ。金沢高等小学校を中途退学し、地方裁判所で給仕として勤務しながら、俳句と詩を書く。一九一〇（明治43）年、上京。北原白秋主宰『朱欒』に詩篇を寄稿し、萩原朔太郎らと交流。一九一八（大正7）年に『愛の詩集』、『抒情小曲集』を刊行。一九三〇年代からは小説も書き始める。戦後の代表長編『杏つ子』で読売文学賞を受賞。一九六二（昭和37）年、72歳で死去。

昨日へのみちはご存じの筈です、
昨日の中でどうどう廻りなさいませ。
その突き当りに立つてゐらつしやい。
突き当りが開くまで立つてゐてください。
威張れるものなら威張つて立つてください。

静物

富岡多恵子

きみの物語はおわった
ところできみはきょう
おやつになにを食べましたか
きみの母親はきのう言った
あたしゃもう死にたいよ
きみはきみの母親の手をとり
おもてへ出てどこともなく歩き
砂の色をした河を眺めたのである
河のある景色を眺めたのである
柳の木を泪の木と仏蘭西では言うのよ
といつかボナールの女は言った

＊富岡多恵子（とみおか・たえこ）

一九三五（昭和10）年、大阪市西淀川区（現・此花区）生まれ。府立大阪女子大学英文科在学中に詩作を始め、一九五七（昭和32）年に刊行した第一詩集『返礼』でH氏賞を受賞。一九六一（昭和36）年に発表した長編詩『物語の明くる日』で室生犀星詩人賞受賞。そのほかの詩集に『女友達』（一九六四〈昭和39〉年）、『富岡多恵子詩集』（一九六七〈昭和42〉年）など。一九七一（昭和46）年に小説集『丘に向ってひとは並ぶ』を刊行以降は、詩作を離れて活動を散文へと移す。小説、

きみはきのう言ったのだ
おっかさんはいつわたしを生んだのだ
きみの母親は言ったのだ
あたしゃ生きものは生まなかったよ

（詩集『女友達』に収録）

戯曲、評論等で多数の受賞歴がある。

夕方かけて

吉野 弘

「定期持ってると、お金はらわなくてもいいの？」
ある日の夕方
ＴＢＳラジオの『全国こども電話相談室』に
小学一年生の男の子が質問している

回答者の一人が定期券の仕組を丁寧に説明し
子供にたずねた
「定期って、タダで乗れる券だと思ってた？」
「うん」と子供
「やっぱりそうか、でも、今度はわかったね」
「わかった、アリガトゴザイマシタッ」

＊吉野 弘（よしの・ひろし）　一九二六（大正15）年、山形県酒田町（現・酒田市）生まれ。一九四四（昭和19）年、徴兵検査に合格するが、入営五日前に敗戦となる。一九五二（昭和27）年、『詩学』に「I was born」が掲載され脚光を浴びる。翌一九五三（昭和28）年から詩誌『櫂』に参加。一九五七（昭和32）年、第一詩集『消息』を刊行。詩集に、『感傷旅行』（一九七一〈昭和46〉年、読売文学賞）、『自然渋滞』（一九八九〈平成元〉年、詩歌文学館賞）など。合唱組曲『心の四季』などの作詞でも知られる。二〇一四(平成26)年、87歳で死去。

聞いていて、私は笑い、少し涙が出る
なんでも質問し、なんでも答えてもらった幼年時の
明るい日々が、今は遥かに私から遠い

誰にも質問しない多くのことが、私にはあり
どうにもなることではないから
鼻唄をうたいながら台所に行き
やおら、ビールの栓を抜く
夕方かけての習慣なので――

マクシム

菅原克己

誰かの詩にあったようだが
誰だか思いだせない。
労働者かしら、
それとも芝居のせりふだったろうか。
だが、自分で自分の肩をたたくような
このことばが好きだ、
〈マクシム、どうだ、
　青空を見ようじゃねえか〉
むかし、ぼくは持っていた、
汚れたレインコートと、夢を。

＊菅原克己（すがわら・かつみ）一九一一（明治44）年、宮城県亘理町生まれ。日本美術学校中退。室生犀星の文学に親しみ、自ら詩作を試みる。学生時代に左翼運動に関わり、検挙される。戦後、新日本文学会に参加。日本文学学校の講師をつとめながら、『列島』や『現代詩』等に詩を寄稿。詩集に『手』（一九五一〈昭和26〉年）、『日の底』（一九五八〈昭和33〉年）、『日々の言づけ』（一九八四〈昭和59〉年）など。一九八八（昭和63）年、77歳で死去。

ぼくの好きな娘は死んだ。
ぼくは馘《くび》になった。
馘になって公園のベンチで弁当を食べた。
ぼくは留置場に入った。

入ったら金網の前で
いやというほど殴られた。
ある日、ぼくは河っぷちで
自分で自分を元気づけた、
〈マクシム、どうだ、
　青空を見ようじゃねえか〉

のろまな時のひと打ちに、
いまでは笑ってなんでも話せる。
だが、

緘も、ブタ箱も、死んだ娘も、
みんなほんとうだった。
若い時分のことはみんなほんとうだった。
汚れたレインコートでくるんだ
夢も、未来も……。

言ってごらん、
もしも、若い君が苦労したら、
何か落目で
自分がかわいそうになったら、
その時にはちょっと胸をはって、
むかしのぼくのように言ってごらん、
〈マクシム、どうだ、
　青空を見ようじゃねえか〉

家庭

天野 忠

大きな声で
子供を叱ったので
いまは
小さな声で
犬を撫でている。

いい子だな
おまえは
いい子だよ
おまえは…。

＊天野 忠（あまの・ただし）
一九〇九（明治42）年、京都市生まれ。京都市立第一商業高校卒。詩集に『石と豹の傍にて』（一九三二〈昭和7〉年）、『重たい手』（一九五四〈昭和29〉年）、『天野忠詩集』（一九七四〈昭和49〉年、無限賞）、『私有地』（一九八一〈昭和56〉年、読売文学賞）など。一九九三（平成5）年、83歳で死去。

迷惑そうに
犬は
しぶしぶ尾を振っている。

うしろで何か

松井啓子

ひとりでごはんを食べていると
うしろで何か落ちるでしょ
ふりむくと
また何か落ちるでしょ

ちょっと落ちて
どんどん落ちて
壁が落ちて　柱が落ちて

ひとりでに折り重なって
最後に　ゆっくり

＊**松井啓子**（まつい・けいこ）一九四八（昭和23）年、富山県富山市生まれ。東京女子大学文理学部日本文学科卒。伊藤比呂美、平田俊子と同人誌『ヒット』を発行。第一詩集『くだもののにおいのする日』（一九八〇〈昭和55〉年）で第一回『詩と思想』新人賞を受賞。その他の詩集に『のどを猫でいっぱいにして』（一九八三〈昭和58〉年）、『順風満帆』（一九八七〈昭和62〉年）などがある。

ぜんたいが落ちるでしょ

手を洗っていると
膝が落ちて　肩が落ちて
なんだかするっとぬけるでしょ

ひとりでごはんを食べていると
うしろで何か落ちるでしょ

喫茶店で

吉原幸子

だまってゐないとき　わらってゐるが
だまってゐるとき　とてもかなしさうだ
何でもない　壁とか　コップみたいなものを
とてもかなしさうに　みてゐる

疲れてしまった
黒レースのカーテンをゆする　遠い風だ

切れかけてまたたく　蛍光燈のやうに
音たてて　一生けんめい　生きてゐる
もう少し　もう少し　と

＊**吉原幸子**（よしはら・さちこ）一九三二（昭和7）年、東京都新宿区四谷生まれ。東京大学文学部仏文科卒。高校時代から詩作を始める。大学卒業後、劇団四季の女優となるが、間もなく退団。草野心平らと交流を持ち、『歴程』に参加。一九六四（昭和39）年、第一詩集『幼年連禱』を刊行し室生犀星賞を受賞。晩年、若手の女性詩人の発表の場として詩誌『ラ・メール』を創刊。詩集に『オンディーヌ』（一九七二〈昭和47〉、高見順賞）、『昼顔』（一九七三〈昭和48〉年、高見順賞）、『発光』（一九九五〈平成7〉年、萩原朔太郎賞）など。二〇〇二（平成14）年、70歳で死去。

でも時を　費ひはたした
肝ざうを　費ひはたした
お金を　手足を　乳母車のしゃしんを失くした

何故　こころが
こころだけがまだ　のこってゐるのだらう
小さなさいふのなかに　最後に

ギャラリー

荒川洋治

ブランコはいつも
同じひとをのせてしまいます
じょうずなひとのちからで
揺れているのです

なのに恋人は
ぼくのブランコを見たい見たいと言ってきかないのです
ぼくはあきらめて
ぼくは板にとびついて
四谷の　公園の砂場において
努力するうち

＊荒川洋治（あらかわ・ようじ）一九四九（昭和24）年、福井県坂井郡生まれ。一六歳の頃から福井県の詩人・則武三雄に師事。一九七一（昭和46）年に刊行した第一詩集『娼婦論』を卒業論文として、早稲田大学第一文学部を卒業。一九七四（昭和49）年、詩を専門とする紫陽社を創業し、井坂洋子、伊藤比呂美、蜂飼耳などの詩集を数多く刊行。詩集に『水駅』（一九七五〈昭和50〉年、H氏賞）、『渡世』（一九九七〈平成9〉年、高見順賞）、『空中の茱萸』（一九九九〈平成11〉年、読売文学賞）、『心理』（二〇〇五〈平成17〉年、萩原朔太郎賞）、

ブランコはしぶしぶ揺れ出しました
でも
ぼくはブランコがへたです

なかなか前へ進まない
何度言ったらわかってもらえますか
何度ためしてみせたら信じてもらえるのですか
それでなくても
この公園は山手線の環ゴムに
首をしめられているというのに

ぼくはへたです
恋人は見つめています
ぼくはへたです　降りたい

『北山十八間戸』（二〇一六〈平成28〉年、鮎川信夫賞）などがある。

でも恋人はにっこり見つめてきます
だがぼくはごらんのようにへただ
それでも恋人は
そこをじょうずに　見つめています
都会はたいてい
このように日暮れ、潰されていきます
ぼくはへたです
恋人は見つめています

仕方が泣く頃

藤富保男

男は向うをむいて
夕立のように去って行った

女は　しば
らく　芝
生に坐り
うすい月を見て
少量に泣いている

あなたは吹きとばされた女である
もうあなたは仕方のない国で

＊藤富保男（ふじとみ・やすお）一九二八（昭和3）年、東京市小石川区（現・文京区）生まれ。東京外国語大学モンゴル語学科卒。一九五〇（昭和25）年、北川冬彦の『時間』に参加。多くの雑誌に加わるほか、英語とイタリア語の詩誌『SETTE』を主宰。また、詩の実験誌『ASA』を創刊。詩集に『コルクの皿』（一九五三〈昭和28〉年）、『やぶにらみ』（一九九二〈平成4〉年、日本詩人クラブ賞）など。二〇一七（平成29）年、89歳で死去。

ねているより仕方がないので
雲の枕をして仕方なくぬれている
よりも　さらに死に方もないので
仕方がないので
ある　と
考えるよりもそうである

男は行ってしまったのだ
紫色の影をのこして
あの男は何故か分らない夕闇の向うに
キリンのように速く
あ　の方に
ち　の方に
ら　の方に見えなくなって行く

男のうしろを
まるい風がついて行くようにも見えるが
それが
煙の形をした鶏のようにも見えるし
もう男は
完璧の
向うの方で粉々に夕方になってしまって　具体的に笑って
そ
れ
か
あららっっ
女はほんの少し舌を出して泣いた

肥った霧かもやが
茫漠とふってきて
そして仕方が泣く泣く泣く泣くなって
女はとけてしまう　と

芝生に一つの丸い石が
ピリオドのように
落ちている　話

鴨

会田綱雄

鴨にはなるなと
あのとき
鴨は言ったか

ノオ

羽をむしり
毛を焼き
肉をあぶって食いちらしたおれたちが
くちびるをなめなめ
ゆうもやの立ちこめてきた沼のほとりから

＊会田綱雄（あいだ・つなお）一九一四（大正３）年、東京本所（現・墨田区）生まれ。貧しい家庭で育った経験から、社会主義の思想に関心が傾く。同時に、ロートレアモンの作品から強い刺激を受ける。一九四〇（昭和15）年、中国に渡り、南京で特務機関嘱託の職務につく。戦後、新潮社版『島崎藤村全集』の編集にかかわる。一九五七（昭和32）年、戦前からの詩作を集めた第一詩集『鹹湖』を刊行、高村光太郎賞を受賞。一九九〇（平成２）年、75歳で死去。

ひきあげようとしたときだ
「まだまだ
　骨がしゃぶれるよ」
おれたちはふりかえり
鴨の笑いと
光る龍骨を見た

企て

池井昌樹

さんぐらすしているとはいえ
あぶないものではありません
ちかごろめっきりめがよわり

ますくをつけているとはいえ
あやしいものではありません
かふんにまいっているだけで

このずだぶくろのなかですか
これはおひるのおむすびです
ふしんなものなどなにひとつ

＊池井昌樹（いけい・まさき）
一九五三（昭和28）年、香川県坂出市生まれ。二松学舎大学文学部卒。『歴程』同人。一九七七（昭和52）年、第一詩集『理科系の路地まで』を刊行。『晴夜』（一九九七〈平成9〉年、歴程賞、芸術選奨文部大臣新人賞）。詩集に『月下の一群』（一九九九〈平成11〉年、現代詩花椿賞）、『眠れる旅人』（二〇〇八〈平成20〉年、三好達治賞）、『明星』（二〇一二〈平成24〉年、現代詩人賞）などがある。

わたしはこれからつとめにでかけ
よもふけまさるころかえってくる
ただそれだけのじいさんなのに

それでもあぶないあやしいと
それほどいぶかしまれるなら
あなたへこっそりうちあける

ばすつくまでのつかのまに
ほんとうは
こんなあぶないくわだてを

それがなにかはいえないけれど

ほんとうに
こんなあやしいたくらみを

たったいま
あなたへおめにかけましょう
ささやかなこのことのはで

けむりの意識

長谷川龍生

がらんとした城郭のなかに
けむりが、ふわりとながれていた。
ある部屋から、ある部屋にむかって、
ボタンがおされ、ベルが鳴っていた。
独裁者は、鏡面のまえに立っていた。
どちらも、まじめな顔つきをしていた。
どちらかが、にやりと笑うと、
ふっと、暗殺者があらわれた。
だれもいない真昼のトイレットで
暗殺者が、だれかを待っていた。

＊長谷川龍生
（はせがわ・りゅうせい）

一九二八（昭和3）年、大阪市船場（現・中央区）生まれ。早稲田大学仏文科中退。小野十三郎に師事。一九五二（昭和27）年、『列島』に参加。安部公房、花田清輝らと「記録芸術の会」を結成。一九五八（昭和33）年、鮎川信夫らの『現代詩』にて編集長をつとめる。一九六四（昭和39）年、民俗雑誌『日本列島』創刊。詩集に『パウロウの鶴』（一九五七〈昭和32〉年）、『詩的生活』（一九七八〈昭和53〉年、高見順賞）、『知と愛と』（一九八六〈昭和61〉年、歴程賞）、『立眠』

ささくれた臀部の皮をなでて
一グラムの麻薬を待っていた。
だれかが窓の外から
麻薬と殺人契約書をなげいれた。
暗殺者は、ペタルをふんで水をながすと
ふっと、けむりになった。

街のなかを、けむりがあるいていた。
けむりは、けむりにしか見えなかった。
けむりは、小さいくしゃみをした。
けむりは、煙草を吸ってけむりを吐いた。
どちらかが、遠くの方から
どちらかを、発見すると
ふっと、かき消えた。

（二〇〇二〈平成14〉年）な
どがある。

がらんとした城郭のなかに
けむりが、ふわりとながれていた。
ある部屋から、ある部屋にむかって
独裁者があるきまわっていた。
鏡面という鏡面をぶちこわしていた。
顔のうつる器物をことごとくぶちこわしていた。
一番最後に、トイレットの鏡を
割ろうとしたとき、
どちらかが、にやりと笑った。
両者がその笑いを、穴のあくほど
みつめようと近よっていったとき
ふっと、けむりが、たちのぼった。

声

石垣りん

釘に
帽子がひとつ
かかっています。

衣紋《えもん》かけにぶらさがっているのは
ひと揃いのスーツ。

本棚に本
玄関に靴。
石垣りんさんの物です。

＊石垣りん（いしがき・りん）
前出（↓7ページ）

石垣りんさんは
どこにいますか？

はい
ここにいます。

はい
このザブトンの温味が私です。

では
いなくなったら片付けましょう。

烏賊（いか）

窪田般彌

いかぶねはかなし、花開かない海の向日葵

ぬれそめた
よるの旅の
ゆきつく涯に
うなばらは
しろくにごり
もはや還らぬ生の一刻を
喪のうみぞこにかへす
波浪《はろう》にひるがへる一枚のセピアの花びら
殷殷《いんいん》と

＊窪田般弥（くぼた・はんや）
一九二六（大正15）年イギリス領北ボルネオ生まれ。早稲田大学仏文科卒。のち教授を勤める。中学生時代から詩作を行い、堀口大学、吉田一穂に師事。戦後『日本未来派』同人となる。詩集に『影の猟人』（一九五八〈昭和33〉年）、『詩篇二十九』（一九六五〈昭和40〉年）、『老梅に寄せて』（二〇〇二〈平成14〉年）など。仏文学者としては、『カザノヴァ回顧録』や多くの象徴派詩人の翻訳、エッセイ、評論がある。二〇〇三（平成15）年、77歳で死去。カミュ『異邦人』の翻訳で著名な窪田啓作は兄。

なみのひびきを背にうけて
海のばらが傷つけた触腕《しょくわん》の
ほこらかな一夜の思ひ出には
埋木にまつはる貝のひびき

いかは
うみに瞬くはるをうたひ
死のくるしみを
冷笑した
かなしみは世の美しさと

いかは
かつて太陽をみたことがない
いかは生れながらに闇がすきだ
いつはりのアウロラのゐない闇が

いかは
よろこびの唄もなぜかしづまる
夜のくにの
黒ひといろの
旅をした
そして
産卵のあとには……
いかは何もしらない

いかよ
南海の孤島には
きみの甲羅が卒都婆《そとば》をたてる！
ひろすぎるうみのそこにも
死が一杯だといふこともしらないで

惜しげもなく
セピアの色をぬりまくり
いく夜さを過すのはいいことだ
秋をちらす風のために
入日に沈むいまはの一葉が
やがて還る大地の胸にいだかれて
けふといふ日の
あすのひと日の
血をたぎらせるのはいいことだ

いかよ
きみは世界と同じやうにふるい海で
すなどりの歌ごゑのやうに悲しい水のそのを
よにも美しい色でぬりつぶした

セピアの
そしてきみは夜がすきだ
神の智慧を
天翔ける神の翼を
さづけられたきみは
自由勝手に
気のむくままに夜をつくつて
どろ深い海のくらしを楽しむ！
不平をしらないもののために
孤独にたへることをしつてゐるもののために
深海礁《しんかいしょう》のものかげで
夜は甘美な夢をつくる！
人間たちのおそれる闇を
きみは少しもこはがらないで
好んで

きみはそこに生きる！

いかよ
きみは海のそこの夢がすきだ
待つことはつらいこと
未来は現在と同じことだ
と
幾たびきみに呼びかけても
きみは……　きみは…
ああ
香料の湯ぶねにひたりきり
笑ひながら死んでゆく海のエピキュリアンよ

秋のピエロ

堀口大学

泣笑ひしてわがピエロ
秋ぢや！　秋ぢや！　と歌ふなり。

O《オー》の形《かたち》の口《くち》をして
秋ぢや！　秋ぢや！　と歌ふなり。

月の様《やう》なる白粉《おしろい》の
顔が涙を流すなり。

身すぎ世すぎの是非もなく
おどけたれどもわがピエロ、

＊**堀口大学**（ほりぐち・だいがく）一八九二（明治25）年、東京都本郷区（現・文京区本郷）生まれ。慶応義塾大学文学部予科中退。在学中に永井荷風に出会い、『三田文学』や『スバル』に投稿を始める。一九一一（明治44）年、外交官をつとめる父と共に外遊。六年ほど欧米各国を転々と移り住む。帰国後、詩作と翻訳に専念し、三百点を超える著作を残した。詩集『月光とピエロ』（一九一九〈大正8〉年）、訳詩集『月下の一群』（一九二五〈大正14〉年）など。一九七九（昭和54）年、文化勲章受章。一九八一（昭和56）年、89歳で死去。

秋はしみじみ身に滲みて
真実《しんじつ》なみだを流すなり。

なく

四元康祐

しきりと犬が鳴いている
骨を投げ与えてやればたちまち鳴きやんで
歯を剥いて嚙み始めるのだろうが
骨の代わりに言葉を与えたら犬はどうするのだろう?

鳴く代わりに自分がなぜ
鳴いているのか理路整然と語りだすのだろうか
それともやっぱり歯を剝き出して
言葉を引き裂き長いピンクの舌でペロリと飲み下してしまうのか

犬に喰われた言葉は糞となって

＊四元康祐（よつもと・やすひろ）
一九五九（昭和34）年、大阪府寝屋川市生まれ。上智大学文学部英文学科卒。一九九〇（平成2）年、ペンシルベニア大学経営学修士号取得。ビジネスマンとして20代で渡米、現在はドイツ・ミュンヘンに在住。一九九一（平成3）年、第一詩集『笑うバグ』を刊行。詩集に『世界中年会議』（二〇〇二〈平成14〉年、山本健吉文学賞、駿河梅花文学賞）、『噤みの午後』（二〇〇三〈平成15〉年、萩原朔太郎賞）、『日本語の虜囚』（二〇一二〈平成24〉年、鮎川信夫賞）、『小説』（二〇一七〈平成29〉

年）など。二〇一五〈平成27〉年には、小説『偽詩人の世にも奇妙な栄光』を刊行。

草叢にひり出される
その表面は艶やかに濡れていて夜の青さを映しもしよう
なんとなく手を合わせて拝みたい気持ち

耳をすませば猫も鼠も鳴いている
赤ん坊も負けずに泣けば男はおらび女はよがる
もの皆騒ぐ春の宵だ
鳴くに鳴けないミミズの孤独が身に染みる

それとも土のなかは土のなかで
空中とは別の鳴き声が飛び交っているのだろうか
泥の呟き岩の咆哮
誰に向かって何を求めて？

テレビの画面に派手な活字が踊って
人々がドッと笑った
言葉で伝えられることなど嘲るようにまた憐れむように
しきりと犬が鳴いている

魚

安水稔和

魚はそれをのみこんだ。
ぐい
と世界が身をひいた。
ぐいぐい
世界が沈みだした。
魚の記憶も生理も
体からずり落ちてしまった。
身軽くなったところで
魚は水の世界から
とび出していた。
大気のなかの

＊安水稔和（やすみず・としかず）一九三一（昭和6）年、兵庫県神戸市生まれ。神戸大学文学部英米文学科卒。大学在学中に『ぽえとろ』を創刊。一九五五（昭和30）年、第一詩集『存在のための歌』を刊行。『歴程』同人。合唱組曲やラジオドラマ、詩劇などの創作にも携わる。阪神淡路大震災の体験による作品も多い。詩集に『秋山抄』（一九九六〈平成8〉年、丸山豊記念現代詩賞）、『生きているということ』（一九九九〈平成11〉年、晩翠賞）、『椿崎や見なんとて』（二〇〇〇〈平成12〉年、詩歌文学館賞）などがある。

一本の糸の
ねばい光沢のはてに
笑いをもらすものを
魚はちらと見た。

詩よ

谷川俊太郎

言葉の餌を奪い合った揚げ句に
檻の中で詩が共食いしている
まばらな木立の奥で野生の詩は
じっと身をひそめている

華やかな流行の言葉で身を飾って
人々が笑いさざめきながら通り過ぎる
中には詩集を携えている女もいる
物語を見失ってしまったらしい

活字に閉じこめられた詩よ

＊谷川俊太郎
（たにかわ・しゅんたろう）
前出（→9ページ）

おまえはただいるだけでいいのだ
何の役にも立たずにそこにいるだけでいい
いつか誰かが見つけてくれるまで

笑顔

谷川俊太郎

真面目であることの値打ちが減少したので
笑顔が氾濫する羽目に陥った
詩も真面目を避けて笑顔になる
哄笑は困難なので苦笑しながら
詩は世間へ出て行く
タブレットを抱えた小学校教師が挨拶する
ゴミ袋を破っている烏は知らん顔
霞んでいる遠い山系は憂い顔
詩は自転車的な速度で教科書を通過する
逃げている訳ではないのに追っ手がかかる

＊谷川俊太郎
（たにかわ・しゅんたろう）
前出（↓9ページ）

詩は地下にもぐるが汚れない
雲に乗るが落ちない
追っ手はいつまでたっても詩を逮捕しない
多分泳がせているのだろう
そのうち詩の笑顔が薄れてくる
素顔を見せるくらいならいっそ死にたい
というのは建前で詩は実は不老不死を狙っている
大河小説をヨットで遡る気なのだ

処女詩集

山之口 貘

「思辨《しべん》の苑《その》」というのが
ぼくのはじめての詩集なのだ
その「思辨の苑」を出したとき
女房の前もかまわずに
こえはりあげて
ぼくは泣いたのだ
あれからすでに十五、六年も経ったろうか
このごろになってまたそろそろ
詩集を出したくなったと
女房に話しかけてみたところ
あのときのことをおぼえていやがって

＊山之口貘（やまのくち・ばく）
一九〇三（明治36）年、沖縄県那覇市生まれ。若い頃から社会主義に関心を持ち、大杉栄らの活動に刺激される。一九二二（大正10）年に上京し日本美術学校入学。雑誌『歴程』（第三次）に同人として参加。一九三八（昭和13）年、第一詩集『思辨の苑』を刊行。東京の職業紹介所で勤務するが、戦後まもなく退職し、詩作に専念。一九五八（昭和33）年刊行の『定本山之口貘詩集』で高村光太郎を受賞。一九六三（昭和38）年、59歳で死去。

詩集を出したら
また泣きなと来たのだ

誠之助の死

与謝野 寛

大石誠之助《おほいしせいのすけ》*は死にました、
いい気味な、
機械《きかい》に挟《はさ》まれて死《し》にました。
人の名前に誠之助は沢山《たくさん》ある、
然《しか》し、然し、
わたしの友達の誠之助は唯一人《ただひとり》。

わたしはもうその誠之助に逢《あ》はれない、
なんの、構ふもんか、
機械に挟まれて死ぬやうな、
馬鹿《ばか》な、大馬鹿《おほばか》な、わたしの一人の友達の誠之助。

＊与謝野 寛（よさの・ひろし）一八七三（明治6）年、京都市左京区生まれ。号・鉄幹。一二歳から漢詩を作り、和歌にも親しんだ。一八九二（明治25）年に上京、落合直文に師事する。一八九九（明治32）年に東京新詩社を結成、翌年に『明星』を創刊し、浪漫主義の発展を促した。同年夏に鳳晶子に会う。一九一一（明治44）年に渡仏、帰国後に紀行文『巴里より』と訳詩集『リラの花』を刊行。慶應義塾大学、のちに文化学院の教師をつとめた。一九三五（昭和10）年、62歳で死去。

＊大石誠之助　（一八六七〜

それでも誠之助は死にました、
おお、死にました。

日本人で無かつた誠之助、
立派な気ちがひの誠之助、
有ることか、無いことか、
神様を最初に無視《むし》した誠之助、
大逆無道《たいぎやくぶだう》の誠之助。

ほんにまあ、皆さん、いい気味な、
その誠之助は死にました。

誠之助と誠之助の一味《いつみ》が死んだので、
忠良《ちゆうりよう》な日本人は之《これ》から気楽に寝られます。
おめでたう。

一九一一）は、明治期の社会主義者・医師。和歌山県に生まれ。一八九〇（明治23）年渡米し、オレゴン州立大学で医学を学ぶ。郷里で開業し、その後、シンガポールやインドで伝染病を研究、現地の社会差別に触れ、社会主義に関心を持つようになる。堺利彦や幸徳秋水などと交流する。そのため大逆事件（一九一〇〈明治43〉年）で検挙され死刑となる。与謝野は大石と交流があり、事件の弁護人を平出脩に依頼した。

印

尾形亀之助

屋根につもつた五寸の雪が、陽あたりがわるく、三日もかかつて音をたてて樋をつたつてとけた。庭の椿の枝にくくりつけて置いた造花の椿が、雪で糊がへげて落ちてゐた。雪が降ると街中を飲み歩きたがる習癖を、今年は銭がちつともないといふ理由で、障子の穴などをつくろつて、火鉢の炭団をつついて坐つてゐたのだ。私がたつた一人で一日部屋の中にゐたのだから、誰も私に話かけてゐたのではない。それなのになんといふ迂闊《うかつ》なことだ。私は、何かといふとすぐ新聞などに馬車になんか乗つたりした幅の広い写真などの出る人を、ほんとう《ママ》はこの私である筈なのがどうしたことかで取り違へられてしまつてゐるのでは、なかなか容易ならぬことだと気がついて、自分でそんなことがあり得ないとは言へ《ママ》きれなくなつて、どうすればよいのかと色々

＊尾形亀之助（おがた・かめのすけ）
一九〇〇（明治33）年、宮城県大河原町生まれ。東北学院中退。仙台で執筆活動を始めるが、画家の志望を抱えて上京。未来派との関わりを得て、未来派展に絵画を出品。村山知義、萩原恭次郎らと交流し、『ＭＡＶＯ』の創刊に加わる。のちに絵画から詩作に移り、一九二五（大正14）年に第一詩集『色ガラスの町』を刊行。草野心平らの詩誌『歴程』の同人に加わる。他の詩集に『雨になる朝』『障子のある家』。一九四二（昭和17）年、41歳で死去。

思案をしたり、そんなことが事実であれば自分といふものが何処にもゐないことになつてしまつたりするので、困惑しきつて何かしきりにひとりごとを言つてみたりしてゐたのだつた。

　水鼻がたれ少し風邪きみだといふことはさして大事ないが、何か約束があつて生れて、是非といふことで三十一にもなつてゐるのなら、たとへそれが来年か明後年かのことに就てであつても、机の上の時計位ひ《ママ》はわざわざネジを巻くまでもなく私が止れといふまでは動いてゐてもよいではないのか。人間の発明などといふものは全くかうした不備な、ほんとう《ママ》はあまり人間とかかはりのないものなのだらう。――だが、今日も何時ものやうに俺がゐてもゐなくとも何のかはりない、自分にも自分が不用な日であつた。私はつまらなくなつてゐた。気がつくと、私は尾形といふ印を両方の掌に押してゐた。ちり紙を舌《ママ》めてこすると、そこは赤くなつた。

三歳の記憶

中原中也

縁側に陽があたつてて、
樹脂《きやに》が五彩に眠る時、
柿の木いつぽんある中庭《には》は、
土は枇杷いろ　蝿が唸《な》く。

稚厠《おかは》の上に　抱えられてた、
すると尻から、蛔虫《むし》が下がつた。
その蛔虫が、稚厠の浅瀬で動くので
動くので、私は吃驚《びつくり》しちまつた。

ああ、ほんとに怖かつた

＊中原中也（なかはら・ちゅうや）
一九〇七（明治40）年、山口県山口市生まれ。一九二三（大正12）年、京都に移る。ダダイズムに傾倒。一九二五（大正14）年、上京。小林秀雄らと交わる。のちに『ランボオ詩集』を翻訳するなど、フランス詩に影響を受ける。一九三四（昭和9）年、詩集『山羊の歌』刊行。一九三七（昭和12）年、30歳で死去。一九三八（昭和13）年、詩集『在りし日の歌』が、小林秀雄らによって出版される。

なんだか不思議に怖かつた、
それでわたしはひとしきり
ひと泣き泣いて　やつたんだ。

ああ、怖かつた怖かつた
——部屋の中は　ひつそりしてゐて、
隣家《となり》は空に　舞ひさつてゐた！
隣家は空に　舞ひさつてゐた！

世界がほろびる日に

石原吉郎

世界がほろびる日に
かぜをひくな
ビールスに気をつけろ
ベランダに
ふとんを干しておけ
ガスの元栓を忘れるな
電気釜は
八時に仕掛けておけ

＊石原吉郎（いしはら・よしろう）一九一五（大正4）年、静岡県伊豆市生まれ。東京外国語大学卒。戦時中、ハルビンの関東軍情報部に配属され、終戦後は捕虜としてソ連の収容所に送られる。一九五三（昭和28）年に帰還し、翌年から詩作を始める。第一詩集『サンチョ・パンサの帰郷』（一九六三〈昭和38〉年）でH氏賞を受賞。他の詩集に『水準原点』（一九七二〈昭和47〉年）、『北條』（一九七五〈昭和50〉年）、エッセイ集に『望郷と海』（一九七二〈昭和47〉年、歴程賞）など。一九七七（昭和52）年、62歳で死去。

人々のなかで

動物園の珍しい動物

天野 忠

セネガルの動物園に珍しい動物がきた
「人嫌い」と貼札が出た
背中を見せて
その動物は椅子にかけていた
じいっと青天井を見てばかりいた
一日中そうしていた
夜になって動物園の客が帰ると
「人嫌い」は内から鍵をはずし
ソッと家へ帰って行った
朝は客の来る前に来て
内から鍵をかけた

＊天野 忠（あまの・ただし）
前出（↓19ページ）

「人嫌い」は背中を見せて椅子にかけ
じいっと青天井を見てばかりいた
一日中そうしていた
昼食は奥さんがミルクとパンを差し入れた
雨の日はコーモリ傘をもってきた。

必敗者

鮎川信夫

忘れられていく人間の過程が
いやに透明に見えてきた　今年の冬
気がつかないうちに　私もまた
死にたくなっていたのかもしれない
忘れてはいけないことを　さがすような眼で
死亡広告をみる癖がついたし
恋人と会っては　窓外のすがれた景色に視線をそらして
どの毒がいいかと話しもした

そんな今年の冬も終りに近い　ある日の真夜中
春のさきぶれの雷が遠くで鳴っていたが

＊鮎川信夫（あゆかわ・のぶお）
一九二〇（大正9）年、東京市小石川区（現・文京区）生まれ。早稲田第一高等学院に入学した頃から詩作を始め、一九三九（昭和14）年に同級生らと第一次『荒地』を創刊。一九四二（昭和17）年、早稲田大学文学部英文科を中退し入営、翌年にスマトラへ出征。結核を発症し一九四四（昭和19）年帰還。終戦を迎える。戦後、一九四七（昭和22）年より、田村隆一らと『荒地』を主催。一九五五（昭和30）年、『鮎川信夫詩集』を刊行。戦後は詩作に加えて評論でも活躍、エラリー・クイーンなどの推理小説の翻訳も多い。一九八六（昭和61）年、66歳で死去。

たまたま手にしたパーチザン・レヴュウ誌の最近号で
デルモア・シュワルツが一九三八年に書いた短篇を読んだ
コーネリアスという無名の男の　涙が出るほどおかしな物語
それがなぜ私の心をしめつけたのか？
二十年も昔に記憶の底に沈んだ詩人が
闇をつらぬく稲妻と烈しい豪雨の中から新しい発見のように甦ってきた

コーネリアスは宝くじで大当りし
観客のいっぱいつまった劇場で　司会役の若い男から
「お仕事は？」と訊かれ　ほんとのことを口にしたがらない
そんな自分に怒りを感じて
つい「詩人」であると真実を告げる
（公衆の面前では　場違いな人間というのと同じだ）
それで時間つなぎに詩を聞かせてくれとせがまれ　聴衆のもとめに応じて

歴史というものが　どんなにわれわれの野心や虚栄とくいちがうかという
哲学的な詩をひどく陰気な声で吟誦する
聴衆の気まずい沈黙
「それはあなたの詩ですか？」
「いいえ、そうだといいのですが」
聴衆が失笑する
「現代最高の詩人T・S・エリオットの作です」
ずっこけたコーネリアスは
ちょっとしたいざこざのあとで
印刷の不備でくじに外れた老楽師に　大当りの賞金を全部やってしまう
このハプニングに聴衆は喝采する
感傷に駆られてとはいえ　コーネリアスには
ほかに自己証明の道がなかったのである
詩人の気前と品位にとっては　小さな犠牲で

たいせつなのは感情の純粋な喜び！
もう一度一人になるために
コーネリアスは濃霧の街を歩いて帰路につく
十四世紀のスコットランドの詩を口誦さみながら

陽気であれ！　思いわずらうなかれ
　みじめな浮世の悲しみを！
神をうやまい　友達には親切に
　隣人とは愉快に貸し借りせよ
今夜のかれの幸運は明日にはきみのものだろう
　心を開け　冒険に
賢者たちは言っている
喜びなくして何の宝ぞと
神の賜物を元気よく受けよ

それだけが君の富だから
使うもの以外にきみの物はないのだぞ

……………………

それから物語のコーネリアスがどうなったかはわからない
私が知りうるのは　シュワルツが一九六六年に五十三歳で死んだことだ
妻も子もなかったかれは　タイムズ・スクエアに近い安ホテルの一室に住み
その日は夜どおし起きており　朝の四時にゴミを捨てに廊下へ出て
心臓発作で倒れ　救急車が到着する前に息をひきとったという
遺体は屍体置場に二日間放置されたままであった
ニューヨーク・タイムズの記者が屍体置場のリストからかれの名をみつけ出し
最後は叔母のクララが遺体をもらいさげていった
かれが家を出たとき　母親は「棺桶に入って帰ってこい！」と言ったが
そのとおりになった

三十年代末から四十年代にかけて活躍し
アメリカのオーデンといわれたが
〝フンボルトの天才〟は四十歳で燃えつきてしまい
かれの名は雑誌やアンソロジーでさえめったに見かけなくなる
（私たちが忘れてしまうのも無理はない）
「蛇の穴」と称して大学にもぐりこみ　教鞭をとったこともあるが
エゴセントリックで報復的だったためか同僚にはうとまれていたらしい
アルコールと麻薬に蝕まれた生活で
アメリカ社会における成功の蔭にある失敗のさまざまな痕跡が
かれの肉体に刻まれていき
ニューヨーク市の屍体置場までつづくのである

ところで　日本の社会の日蔭を歩む
われわれのコーネリアスは　いまどこにいるのだろう？

制度の春を病むこともなく　不確定性の時代を生きて
自殺もせず　狂気にも陥らずに
われわれのコーネリアスはどこまで歩いていけるだろう?
口誦さむ一篇の詩がなくて!

（休みなされ）

中原中也

休みなされ、
台所や便所の掃除こそ大事だなぞといふ教訓を、
お忘れなされ。

休みなされ、
ビンツケでもててゐるやうな髪ならば、
グザグザにしておしまひなされ

魂の嘆きを窒息させて、
せかせかと働きなさるからこそ、
やんがて姑根性をも発揮なさるのだ。

＊中原中也（なかはら・ちゅうや）
前出（↓65ページ）

休みなされ、
放膽《ほうたん》になりなされ、
大きい声して歌ひなされ。

鼻のある結論

山之口　貘

ある日
悶々《もんもん》としている鼻の姿を見た
鼻はその両翼をおしひろげてはおしたたんだりして　往復している呼《い》
　吸《き》を苦しんでいた
呼吸は熱をおび
はなかべを傷めて往復した
鼻はついにいきり立ち
身振り口振りもはげしくなって　くんくんと風邪を打ち鳴らした
僕は詩を休み
なんどもなんども洟をかみ
鼻の様子をうかがい暮らしているうちに　夜が明けた

＊山之口貘（やまのくち・ばく）
前出（↓59ページ）

ああ
呼吸するための鼻であるとは言え
風邪ひくたんびにぐるりの文明を掻き乱し
そこに神の気配を蹴立てて
鼻は血みどろに
顔のまんなかにがんばっていた

またある日
僕は文明をかなしんだ
詩人がどんなに詩人でも　未だに食わねば生きられないほどの
それは非文化的な文明だった
だから僕なんかでも　詩人であるばかりではなくて汲取屋をも兼ねて
いた
僕は来る日も糞を浴び

去《ゆ》く日も糞を浴びていた
詩は糞の日々をながめ　立ちのぼる陽炎のように汗ばんだ
ああ
かかる不潔な生活にも　僕と称する人間がばたついて生きているように
ソヴィエット・ロシヤにも
ナチス・ドイツにも
また戦車や神風号やアンドレ・ジイドに至るまで
文明のどこにも人間がばたついていて
くさいと言うには既に遅かった

鼻はもっともらしい物腰をして
生理の伝統をかむり
再び顔のまんなかに立ち上っていた

初恋

吉原幸子

ふたりきりの教室に　遠いチンドン屋
黒板によりかかって　窓をみてゐた

女の子と　もうひとりの女の子
おなじ夢への　さびしい共犯

ひとりはいま　ちがふ夢の　窓をみてゐる
ひとりは　もうひとりのうしろ姿をみてゐる

ほほゑみだけは　ゆるせなかった
おとなになるなんて　つまらないこと

＊吉原幸子（よしはら・さちこ）
前出（→23ページ）

ひとりが　いたづらっ子に　キスを盗まれた
いたづらっ子は　そっぽをむいてわらった

いたづらっ子は　それから　いぢめっ子になった
けふは歯をむいて「キミ　ヤセタナ」といった

それでひとりは　黒板に書く
オコラナイノデスカ　ナクダケデスカ

ひとりはだまって　ほほゑみながら
二つの「カ」の字を　消してみせた

うすい昼に　チンドン屋のへたくそラッパ　急に高まる

ある四十歳

清岡卓行

煙草を吸わなかった少年の頃の
澄んでいた空の青さが恋しくなり
ある日ふと　煙草をやめる。

音楽を浴びていたその頃の皮膚感覚が
夏の海の中で　不意によみがえり
ある日ふと　音楽会へ通いはじめる。

すべての職業の滑稽さを知りながら
その頃夢みた仕事への悲しみのため
ある日ふと　職業を変える。

＊清岡卓行（きよおか・たかゆき）
一九二二（大正11）年、中国大連生まれ。一九四四（昭和19）年、東京帝国大学文学部に入る。戦争終期に大連に渡り、敗戦を中国で迎える。一九四八（昭和23）年に引き揚げ。一九五四（昭和29）年に詩「石膏」を発表し、文筆活動を始める。一九五九（昭和34）年に第一詩集『氷った焰』を刊行。小説も書き、一九六九（昭和44）年に『アカシヤの大連』で芥川賞を受賞。詩集に『円き広場』（一九八八〈昭和63〉年、芸術選奨文部大臣賞）、『通り過ぎる女たち』（一九九五〈平成7〉年、歴程賞）など。小説に『マロニエの花が言った』（一九九九〈平成11〉年、野間文芸賞）など。二〇〇六（平成18）年、83歳で死去。

ぬげた靴

石垣りん

私の外側は空気でみたされていた
私の内側も同じような
或いはもっと軽いものでみたされていた。

私は自分の顔を描いた
まゆをひいて口紅をぬって
人前にふわり、と立たせた。

靴が、おもりのように私を地につけて
浮き上がるのを
ようやくとどめていた。

*石垣りん（いしがき・りん）
前出（↓7ページ）

笑ったり
おこったり
話したり
働いて月給をとったりした。

このゴム風船造りの人間を
ある日誰かが抱きかかえたために
靴が、ぬげてしまった。

風船は浮きあがった、
家から
舗道から
人から

（どこで人と別れたろう？）

ゆけばゆくほど一人になる
空のまっただ中を
風船は昇ってゆく。

微笑

室生犀星

子供が生れる
あちこちの家から
毎日のやうにその泣きごゑがする
それが正しい自然のあらはれであるといふことによつて祝福される
つみなきものは決して遠慮をしない
恥かむことすら知らない
大手をふつて出てくる
酷い形式のなかからも
惨忍な性交からも
豚のやうなむれからも
つみのないものは微笑んで出てくる

＊室生犀星（むろう・さいせい）
前出（↓10ページ）

恐ろしくなる
出て見てはじめて恐ろしくなる

水田《みづた》の中に

丸山 薫

くれぎりの田の面《も》に
俯《うつ》向いて　鍬《すき》を振る若者達よ
真昼日ざかりともなれば
君達の腕も
君達の肩も
君達の臍《へそ》も
みんな泥にまみれ
頬にも額にも
泥水が撥ねとぶ

君達の腰は重たく泥にしびれ

＊丸山 薫（まるやま・かおる）
一八九九（明治32）年、大分県大分市生まれ。東京帝国大学国文科中退。京都の旧制第三高在学中、三好達治、梶井基次郎と知り合い、文学に関心を持つ。『詩と詩論』や『詩・現実』などの詩誌に作品を寄稿。一九三二（昭和7）年に第一詩集『帆・ランプ・鷗』を刊行。一九三四（昭和9）年には堀辰雄、三好達治とともに第二次『四季』を創刊。戦後、愛知大学の教員をつとめながら、文学活動をつづける。一九七四（昭和49）年、75歳で死去。

君達の神経は太く泥に捩《な》はれ
君達はどろどろに疲れて
掻き混ぜた泥のやうに
大声で笑ひ出す

ああ　照りつける山の太陽の下
さ蒼な風を切つて　ホトトギスが翔ぶ
君達の笑ひもきらきら水田にかがやいて
なんと　明るく健かだらう

屋根と夕焼

市島三千雄

うわさの中に私はいました
だまってまた自分をうわさしながら私もいました
どっとうわさが笑いました
みんな好奇な眼で人気を一層あげました
色々の口が同んなじうわさをしました
黄色い石の三角のピラミッドが
赤く埃をまく口のように並んだ瓦の屋根——
無数の口とこの夕焼

＊市島三千雄（いちしま・みちお）
一九〇七（明治40）年、新潟市生まれ。新潟商業学校中退し家業を継ぐ。詩人・寒河江真之助と知り合い、詩作を始める。一九二五（大正14）年、『日本詩人』に掲載された「ひどい海」が、萩原朔太郎に激賞される。一九二六（大正15）年、寒河江らと新潟で『新年』を創刊（一九二七〈昭和2〉年ごろまで継続）。一九二八（昭和3）年上京。一九四八（昭和23）年、41歳で死去。二〇一七（平成29）年、『定本市島三千雄詩集』が刊行される。

「世界の構造」

粕谷栄市

私は、「世界の構造」と言う書物を愛読している。もうずっと以前、田舎町の古物屋で、柄のとれた火桶と一緒に買わされたものだ。ぼろぼろの表紙の分厚い本で、作者も、出版された所も判らない。唯その活字の形から、大体百年位昔のものと推定できるだけだ。おかしな本で、内容は、題名と全く関係がない。落丁があって判り難いが、書かれているのは、多分、豚の育て方であろう。

飼料である落花生の良否から、豚小屋の設計まで、くわしく易しく述べられている。

それらは、しかし行なわれなかった事柄ばかりである。例えば、豚の入浴に就いてだが、華氏百五十度に沸かした塩水に、飼主がその豚の鼻孔を手巾で押え、正午から日の入りまで、共に入っていなければ

＊粕谷栄市（かすや・えいいち）一九三四（昭和９）年、茨城県古河市生まれ。早稲田大学商学部卒。「早稲田詩人会」に所属し、のちに『ロシナンテ』に参加、石原吉郎を知る。詩集に『世界の構造』（一九七一〈昭和46〉年、高見順賞）『悪霊』（一九八九〈平成元〉年、歴程賞）。『化体』（一九九九〈平成11〉年、詩歌文学館賞）。『鄙唄』『轉落』（二〇〇四〈平成16〉年、芸術選奨文部科学大臣賞）。『遠い川』（二〇一〇〈平成22〉年、三好達治賞）などがある。

ならぬ、と書いている。

それが必要だと考える者はあるまい。

そんな調子で、全ての豚の生活への提言が、次から次へとつづいているのだ。

そうして、そのどの頁をも、おそろしく下手な一枚のさし絵が飾っている。実は、私が、この書物を愛するのは、その故でもあるが、要するに、みんな同じもので、日の当る一本の円い樹を背景に、一人の男が、よく太った豚を抱いて、笑っているものである。

男の笑顔は、殆ど豚の顔だが、よく見ると、その足元に、同じように一人の子供が、小さな子豚を抱いて笑っているのだ。

それを眺めていると、何故か、私はひどく幸福な気分になる。柄の取れた火桶のように、一切を許して悔いなくなるのだ。

「世界の構造」について作者が知っていたことを、私もおそらく知りそめている。

この書物を、私に売った古物屋の女房も、その時、そう言って、私の貧しい財布を取りあげたのである。

エビアンの叔父

佐々木幹郎

「もうどうでもよろしおまんなあ」
リノリウムの廊下の突き当たり
窓ガラスの向こうで葉を揺らす竹藪は　ゆっくりと動いた
株券の配当と軍人恩給
「もうどうでもよろしおまんなあ」

満面の笑みを浮かべて
車椅子の老爺が乗るエレベーター
冬セーターで着膨れている　口を開けた人形
水をやりすぎると
枯れてしまうよ

＊佐々木幹郎（ささき・みきろう）
一九四七（昭和22）年、奈良県天理市生まれ。同志社大学文学部哲学科中退。一九七〇（昭和45）年、第一詩集『死者の鞭』を刊行。一九七二（昭和47）年から詩誌『白鯨』に創刊同人として参加。詩集に『蜂蜜採り』（一九九一〈平成3〉年、高見順賞）、『明日』（二〇一一〈平成23〉年、萩原朔太郎賞）などがある。評論、絵本、エッセイ集も多数刊行しており、『アジア海道紀行』（二〇〇二年）では読売文学賞を受賞している。

髭剃り器だって重すぎる
「故障している」
親指でさわれない　小さな菱形のスイッチ
「電波時計を持ってきてえな」
世界中で一番正確な時計を壁に吊り下げて
人工衛星に見守られて
秒針が時を刻む音を聞きながら
眠るだけ　ただ　桃のように眠るだけ

金属の手挟みでつかむ　ちり紙　スリッパ
その上に倒れて　血まみれになって
どうしたの　こんな夜更けに
何もかもが重たくて　広大な家が空中に浮び
冷蔵庫のなかに　食べかけの蕎麦　ミンチ肉

ミネラルウォーターが数本
不思議に匂いがなくて

二階の階段から転げ落ちたときの足跡がここ
三日間　真夏の階段の下で倒れていたときの跡がこれ
警官と近所の人がこじ開けた窓がここ
脱水症のまま夢を見つづけて
「セキスイハウスのニンゲンが何人も来た」
ほらそんなことを言ってると
死んだお婆ちゃんに怒られるよ
眠る人の額に手をあてると
遠のくのか近づくのか
「暑中御見舞い　自転車はわたしの友達」
と書いてきた葉書のことを思い出したよ

最後の挨拶はいつも中国語「再見」
鍬を担いで田圃の畦を歩いていく人を
あのときの巨きな雲を

両腕を広げて　泳ぐ手
どうしたの　こんな夜更けに
「いま東シナ海を泳いどるんや」
友人たちが寄せ書きをした日章旗を腹に巻いて
大陸まで海にただよう

いまは忘れられた温室のなかで
黴のように舞う花弁たち
強い腕を持つトマト　伸びすぎたナスと
頑固に枯れつづける唐辛子

練り歯磨きのチューブはリンゴ酸入り
いつでも　どんな紙でも溜めておく
それと　あんパン
ベッドの下に隠しておく

「もうどうでもよろしおまんなあ」
竹藪は冬の嵐のなかで音もなく
「よろしおまんなあ」
ああ　ああ　とうなずきながら
「もうどうでも」は
フランス産エビアンの飲みさしのボトルのなかで
しずくとともに輝く

失題詩篇

入沢康夫

心中しようと　二人で来れば
　ジャジャンカ　ワイワイ
山はにつこり相好《そうごう》くずし
硫黄のけむりをまた吹き上げる
　ジャジャンカ　ワイワイ

鳥も啼かない　焼石山を
心中しようと辿つていけば
弱い日ざしが　雲からおちる
　ジャジャンカ　ワイワイ
雲からおちる

＊入沢康夫（いりさわ・やすお）
一九三一（昭和6）年、島根県松江市生まれ。中学生の頃から短歌と俳句を作り始める。一九五一（昭和26）年に東京大学文学部仏文科入学、大学院まで進む。詩集に『倖せそれとも不倖せ』（一九五五〈昭和30〉年）、『季節についての詩論』（一九六五〈昭和40〉年、H氏賞）、『わが出雲・わが鎮魂』（一九六八〈昭和43〉年、読売文学賞）、『死者たちの群がる風景』（一九八二〈昭和57〉年、高見順賞）など。宮沢賢治やネルヴァルの研究者としても著名。ネルヴァル、ロートレアモンなどのフランス詩やエドガー・ア

心中しようと　二人で来れば
山はにっこり相好くずし
　ジャジャンカ　ワイワイ
硫黄のけむりをまた吹き上げる

鳥も啼かない　焼石山を
　ジャジャンカ　ワイワイ
心中しようと二人で来れば
弱い日ざしが背すじに重く
心中しないじゃ　山が許さぬ
山が許さぬ
　ジャジャンカ　ワイワイ

ラン・ポーの詩篇の翻訳を
行っている。一九九八（平成
10）年、紫綬褒章受章。

語彙集（抄）

中江俊夫

第九十章

ずんぐり肉ぼってり肉あんぐり肉
やんわり肉ふんわり肉むっちり肉
しんねり肉むっつり肉ぺったり肉
つるつる肉しとしと肉しっとり肉
むんむん肉もんもん肉すんすん肉
のらり肉くらり肉くるり肉

＊中江俊夫（なかえ・としお）
一九三三（昭和8）年、福岡県久留米市生まれ。関西大学文学部国文学科卒。高校時代に詩人・永瀬清子の講演を聴き、詩を書き始める。一九五二（昭和27）年、第一詩集『魚のなかの時間』を刊行。詩誌『櫂』第五号から同人参加。『荒地詩集』一九五四年版から作品発表。大学卒業後、主に出版関係の仕事に携わりながら、詩人としての活動をつづける。詩集に『語彙集』（一九七二〈昭和47〉年、高見順賞）など。他に小説集や絵本などの著作がある。

ぽちゃぽちゃ肉ぺたぺた肉ぬるぬる肉
べちゃべちゃ肉ずぶずぶ肉うんうん肉

ぎっこん肉くらくら肉よいしょ肉
ばったん肉よしよし肉こらしょ肉

ぐんにゃり肉くにゃくにゃ肉くたり肉
うふん肉うむうん肉むうん肉

いん肉にん肉おお肉
ああ肉み肉ひーい肉

第九十一章

鼻毛そよめく
爪つやめく
血ささめく
腿ほのめく
眼なまめく
指よろめく
乳房はなめく
心こぼめく
潮とろめく
腰うためく
陰毛ゆらめく

蛾ときめく
ほくろくろめく
うぶ毛きらめく
夢くるめく
胸どよめく
闇ざわめく
背骨きしめく
舌ひしめく
彼岸うめく
稲妻ひらめく
かささぎふためく
肉わめく

おっとせい

金子光晴

一

そのいきの臭えこと。
くちからむんと蒸れる。

そのせなかがぬれて、はか穴のふちのやうにぬらぬらしてること。
虚無《ニヒル》をおぼえるほどいやらしい、
おお、憂愁よ。

そのからだの土嚢のやうな
づづぐろいおもさ。かつたるさ。

＊金子光晴（かねこ・みつはる）一八九五（明治28）年、愛知県津島市生まれ。早稲田大学高等予科、東京美術学校、慶應義塾大学文学部予科に入学したが、いずれも短期間で中退。一九一九（大正8）年、第一詩集『赤土の家』を刊行。渡欧し、帰国後、一九二三（大正12）年『こがね蟲』を刊行。昭和に入ってから四年間ほど東南アジアとヨーロッパを漂泊。一九三七（昭和12）年に詩集『鮫』を出版。戦争協力を拒み、独りで詩作をつづけ、戦後に反戦詩人として高い評価を得る。他の詩集に『落下傘』『蛾』などがある。一九五二（昭和27）年刊行の

いん気な弾力。
かなしいゴム

そのこころのおもひあがつてること。
凡庸なこと。

菊面《あばた》。
おほきな陰嚢《ふぐり》。

鼻先があをくなるほどなまぐさい、やつらの群集におされつつ、いつも、
おいらは、反対の方角をおもつてゐた。

『人間の悲劇』で読売文学賞を受賞。『マレー蘭印紀行』、『どくろ杯』、『ねむれ巴里』などの自伝がある。一九七五(昭和50)年、79歳で死去。

やつらがむらがる雲のやうに横行し
もみあふ街が、おいらには、
ふるぼけた映画《フィルム》でみる、
アラスカのやうに淋しかつた。

二

そいつら。俗衆といふやつら。

ヴォルテールを国外に追ひ、フーゴー・グロチウスを獄にたたきこんだのは、
やつらなのだ。
バタビアから、リスボンまで、地球を、芥垢《ほこり》と、饒舌《おしやべり》でかきまはし

てゐるのもやつらなのだ。

嚔《くさめ》をするやつ。髯のあひだから歯くそをとばすやつ。かみころすあくび、きどつた身振り、しきたりをやぶつたものには、おそれ、ゆびさし、むほん人だ、狂人《きちがひ》だとさけんで、がやがやあつまるやつ。そいつら。そいつらは互ひに夫婦《めうと》だ。権妻だ。やつらの根性まで相続《うけつ》ぐ悴どもだ。うすぎたねえ血のひきだ。あるひは朋党だ。そのまたつながりだ。そして、かぎりもしれぬむすびあひの、からだとからだの障壁が、海流をせきとめるやうにみえた。

おしながされた海に、霙《みぞれ》のやうな陽がふり濺《そそ》いだ。

やつらのみあげるそらの無限にそうていつも、金網《かなあみ》があつた。

…………けふはやつらの婚姻の祝ひ。

きのふはやつらの旗日だつた。
ひねもす、ぬかるみのなかで、砕氷船が氷をたたくのをきいた。

のべつにおじぎをしたり、ひれとひれとをすりあはせ、どうたいを樽のやうにころがしたり、そのいやらしさ、空虚《むな》しさばつかりで雑閙しながらやつらは、みるまに放尿の泡《あわ》で、海水をにごしていつた。

たがひの体温でぬくめあふ、零落のむれをはなれる寒さをいとうて、やつらはいたはりあふめつきをもとめ、かぼそい声でよびかはした。

三

おお、やつらは、どいつも、こいつも、まよなかの街よりくらい、やつらをのせたこの氷塊が、たちまち、さけびもなくわれ、深潭のうへをしづかに辷《すべ》りはじめるのを、すこしも気づかずにゐた。
みだりがましい尾をひらいてよちよちと、
やつらは氷上を匐《は》ひまはり、
…………文学などを語りあつた。

うらがなしい暮色よ！
凍傷《しもやけ》にただれた落日の掛軸よ！

だんだら縞のながい影を曳き、みわたすかぎり頭をそろへて、拝礼し
　てゐる奴らの群衆のなかで、
侮蔑しきつたそぶりで、
ただひとり、
反対をむいてすましてるやつ。
おいら。

おつとせいのきらひなおつとせい。
だが、やつぱりおつとせいはおつとせいで
ただ
「むかうむきになつてる
おつとせい」

五月

尾形亀之助

鳴いてゐるのは雞だし、吹いてゐるのは風なのだ。部屋のまん前まではつた陽が雨戸のふし穴からさし込んでゐる。
私は、飯などもなるつたけは十二時に昼飯といふことであれば申分がないのだと思つたり、もういつ起き出ても外が暗いやうなことはないと思つたりしてゐた。昨夜は犬が馬ほどの大きさになつて荷車を引かされてゐる夢を見た。そして、自分の思ひ通りになつたのをひどく満足してゐるところであつた。

から瓶につまつてゐるやうな空気が光りをふくんで、隣家の屋根のかげに桜が咲いてゐる。雨戸を開けてしまふと、外も家の中もたいした異ひがなくなつた。

＊尾形亀之助
（おがた・かめのすけ）
前出（→63ページ）

筍を煮てゐると、青いエナメルの「押売お断り」といふかけ札を売りに来た男が妙な顔をして玄関に入つてゐた。そして、出て行つた私に黙つて札をつき出した。煮てゐる筍の匂ひが玄関までしてきてゐた。断つて台所へ帰ると、今度は綿屋が何んとか言つて台所を開けた。半ずぼんに中折なんかをかぶつてゐるのだつた。後ろ向きのまままいいかげんの返事をしてゐたら、綿の化けものは戸を開けたまま行つてしまつた。

わが家の記念写真

吉岡 実

おかあさんは腰巻きする人
首つりのタモの木にそってゆき
朝日はのぼる
島の墓原で
百羽のツグミを食う猛き人
それが義理あるおとうさんの暗き心
いやになるなあ
公園からとんでくる
ラグビーボールをスカートのなかへ
おねえさんは隠したままだ
なので寄宿の猫は

＊吉岡 実（よしおか・みのる）一九一九（大正8）年、東京市本所区（現・墨田区）生まれ。本所高等小学校を卒業後、本郷の医学出版社・南山堂に奉公。一九四〇（昭和15）年、徴兵、輜重隊（輸送などを受け持つ後方支援部隊）に配属され、満洲各地を転戦。同年、詩歌集『昏睡季節』、翌年、第一詩集『液体』を上梓。戦後は筑摩書房に勤務。詩集に『静物』（一九五五〈昭和30〉年）、『僧侶』（一九五八〈昭和33〉年、H氏賞）、『紡錘形』（一九六二〈昭和37〉年）、『神秘的な時代の詩』（一九七四〈昭和49〉年）、『サフラン摘み』（一九七六〈昭和51〉

沼面を走る雨にぬれる
幽鬼のように
いもうとは善意の旅をしている
星ビカリする夜々を
みなさん揃いましたか
では記念写真をとりますよ
青空へむかって
にっこり笑って下さい
でもうまく映るだろうか
時すでにぼくは
地中海沿岸地方の奥地で
コルクの木とともに成長している

年、高見順賞)、『薬玉』(一九八三〈昭和58〉年、歴程賞)など。一九九〇(平成2)年、71歳で死去。

げんきだったら

東 君平

このごろちっとも
あわなくなった
あしのよくない
おじいちゃん

げんきだったら
いいんだけれど
ぼく　あいたいよ
おじいちゃん

わらったかおで

＊**東君平**（ひがし・くんぺい）画家・童話作家。一九四〇（昭和15）年、兵庫県神戸市に生まれる。医師の家に生まれるが、戦後、父が亡くなり破産、一家離散してしまう。色々な仕事に就きながら、一九五八（昭和33）年、画家になる夢を持ち上京。一九六二（昭和37）年、『漫画読本』でデビュー。翌年、個展「白と黒の世界」を成功させ、人気作家となる。シリーズ『くんぺい魔法ばなし』、『おはようどうわ』など数多くの童話を執筆。一九八六（昭和61）年、46歳で急死。

おはよ　といって
たちどまってた
おじいちゃん

げんきだったら
いいんだけれど
もしもだったら
どうしよう

客人たち（抄）

平田俊子

客Ⅱ

笑い声はするが姿は見えない
ドアのむこう
のぞき窓の死角に立って
あなたはだれかと笑ってる
早く入ってくれればいいのに
壁は塗り替えたし
時計の針は遅らせた
お茶の葉っぱも念入りに洗った
あとはチャイムが鳴り響き

＊平田俊子（ひらた・としこ）一九五五（昭和30）年、島根県隠岐島生まれ。立命館大学文学部卒。第一詩集『ラッキョウの恩返し』（一九八四〈昭和59〉年）を刊行。詩集に『ターミナル』（一九九七〈平成9〉年、晩翠賞）、『詩七日』（二〇〇四〈平成16〉年、萩原朔太郎賞）、『戯れ言の自由』（二〇一五〈平成27〉年、紫式部文学賞）など。『二人乗り』（二〇〇五〈平成17〉年、野間文芸新人賞）など小説も多く執筆し、戯曲、エッセイも多数刊行している。

あなたの登場を待つばかり
なのに
約束の時間をすぎても
あなたの声はドアのむこう
だれかと
わたしのことを笑っているのだ
ひとり　ふたり
行きずりの人も加わるらしく
笑い声は少しずつ遠慮をなくす
参加者が描く輪の円周も
しだいに伸びていくのだろう
雪がふれば頭に雪をのせて
鳥がくれば肩に鳥をとめて
輪はどこまでも成長を続ける

ドアのこちら
顔を見せない客を待ちわび
何度もお茶をあたためたり
さましたりを繰り返すわたしがいるが
それも早くも笑いのタネか
つっかけをはいて
にっこりドアをあけ
おどかしてやりたい気もするが
わたしは招かれてはいないので
ドアのこちら側にいるしかないのだ

生れた家

木下夕爾

眼にちかい海　一つの波が牆《かき》をとびこえる
とびこえてすぐに息絶える　若い波がまた立ちあがる
麦藁帽子のやうにゆれる日まはり
白い水着についた松の花粉
わらひごゑ　光る汗のアスピリン
私は古い椅子の上にゐる　私のうしろに家がある
家は大きい　さうして私のなかでは傾いてゐる
厨で魚を焼く匂ひ　食器をあらふ音
かつて私のすてたものがいま私をとりかこむ
牕《まど》から母親がよびかける　若若しい声で
黄いろい書物が私の手からすべりおちる

＊**木下夕爾**（きのした・ゆうじ）一九一四（大正3）年、広島県福山市生まれ。第一早稲田高等学院文科に入学するが、家業のために転学、名古屋薬学専門学校（現・名古屋市立大学）卒業。家業の薬局を営む。一九三九（昭和14）年、第一詩集『田舎の食卓』を刊行（文芸汎論賞）。戦後、久保田万太郎の俳誌『春燈』に参加。主要同人となる。句集の代表作に『遠雷』（一九五九〈昭和34〉年）など。一九六五（昭和40）年に、50歳で死去。翌年に刊行された『定本木下夕爾詩集』で読売文学賞を受賞。

よはよはしい憤怒のやうに　風がしきりに頁をめくる
私のために　母親のために　そのほかの人のために——

波

左川ちか

水夫が笑つてゐる。
歯をむきだして
そこらぢゆうのたうちまはつてゐる
バルバリイの風琴のやうに。
倦むことなく
彼らは全身で蛇腹を押しつつ
笑ひは岸辺から岸辺へとつたはつてゆく。

我々が今日もつてゐる笑ひは
永劫のとりこになり
沈黙は深まるばかりである。

＊左川ちか（さがわ・ちか）
一九一一（明治44）年、北海道余市町生まれ。小樽高等女学校卒。一九二八（昭和３）年に上京し、伊藤整、百田宗治、北園克衛らと交流を持つ。『文芸レビュー』や『ヴァリエテ』などのモダニズム詩誌に翻訳と詩を発表。一九三二（昭和７）年、訳詩集『室楽』を刊行。北園克衛と詩誌『ESPRIT』を創刊し、次々と作品を発表。一九三五（昭和10）年、胃がんと診断される。一九三六（昭和11）年、24歳で死去。没後、伊藤整らの尽力により『左川ちか詩集』が刊行される。

舌は拍子木のやうに単純であるために。
いまでは人々は
あくびをした時のやうに
ただ口をあけてゐる。

笑う

杉本真維子

白蛇のように流れた
くらやみの包帯について
かち鳴らす銀色の篦《へら》のような
うすく、清潔な悪いこころ
乱されるように均されて
手首からひらたく黙る

そのまま、いまは誰もなにも
わたしに映りこむな
雨のしずくに閉じ込めた
逆さの文字だけを読みすすみ

＊杉本真維子
（すぎもと・まいこ）

一九七三（昭和48）年、長野県長野市生まれ。学習院大学文学部哲学科卒。幼年から詩作を試み、二十代後半から雑誌に投稿を始める。二〇〇二（平成14）年に現代詩手帖賞を受賞し、翌年に刊行した第一詩集『点火期』が詩壇の注目を集める。詩集に『袖口の動物』（二〇〇七〈平成19〉年、H氏賞）、『裾花』（二〇一四〈平成26〉年、高見順賞）などがある。

いつか、出口のように割れてみせる
破片は朝のひかりに
なぜにんげんのくずのように掃かれるか
黒い背がいっしんに屈み
ばらばらの顔を丁寧に並べていくと笑う

笑いの成功

北村太郎

二階のガラス窓を開ける
墓地をとりまく林
たくさんの棺を密封している古い建物の黄いろい壁
さっきまでは
版画の木目のように降っていた雨が
とつぜん無数の太い矢になる
緑の葉っぱだらけの木々が騒々しい音に包まれ
空が
ゆっくりと暗くなってゆく
太い雨足のあいだに
ごく細かいしぶきがいちめんに広がり始める

＊北村太郎（きたむら・たろう）一九二二（大正11）年、東京府谷中村（現・台東区）生まれ。東京帝国大学文学部仏文科卒。高校時代、中桐雅夫の詩誌『LUNA』に参加。同級生の田村隆一を紹介する。東大在学中に『純粋詩』、『荒地』に参加。詩集に『北村太郎詩集』（一九六六〈昭和41〉年）、『眠りの祈り』（一九七六〈昭和51〉年、無限賞）、『犬の時代』（一九八二〈昭和57〉年、芸術選奨文部大臣賞）、『笑いの成功』（一九八五〈昭和60〉年、歴程賞）、『港の人』（一九八八〈昭和63〉年、読売文学賞）など。翻訳も多数刊行している。一九九

二（平成4）年、70歳で死去。

弱い風が起こり
トタン屋根がとどろき
たちまち樋を満たして軒からいきなり落下する新鮮な水の舌
密雲が動きながら
しずかに下がってくる
樋にあふれる水の力づよい透明と変化
にんげんは
〈一〉ではなくて〈半〉のまま
だれもが最期を迎えるのだよ
ついにあたりは暗澹たる叫喚である
耳を済ますと
ひくい笑い声もまじっている
〈半〉なのに
ぜったいに分割できない〈一〉とは

哲学的に不自然な存在だ
雨は堂々と垂直に降りつづき
しぶきはいちだんと細かくなって
ガラス窓のむこう
黄いろい壁のみ濃さを増し
油のように溶けようとしている

ほほえみの意味

谷川俊太郎

昼間あんなにもひどい言葉で私を傷つけた唇が
今は意味のない呻《うめ》きの形にひらかれている
たたなずく屋根また屋根のそのいちいちの下で
いったい何人の我々がこうしていることだろう
あなたがあなたのことしか考えぬように
私も私のことしか考えることができないのに
ひとりではつくれない未来のために
こころごころに不安な計画をあたためている
焦点の定まらぬあなたの視線は私の肩をかすめ
雨もりのしみのある天井に向けられているが
その先にある宇宙は人間には大きすぎる

＊谷川俊太郎
（たにかわ・しゅんたろう）
前出（↓9ページ）

ちりばめられた星々に負けぬにぎやかさで
都会はいつまでもめざめているけれど
もうまぎらわすものは何ひとつないと覚って
私たちはこの小さな部屋に戻ってきた
番《つが》う犬番う小鳥とのただひとつのちがいは
お互いの頬に浮ぼうとするかすかなほほえみ
その意味は問えば失われてしまうだろう

なんでもないことのようで

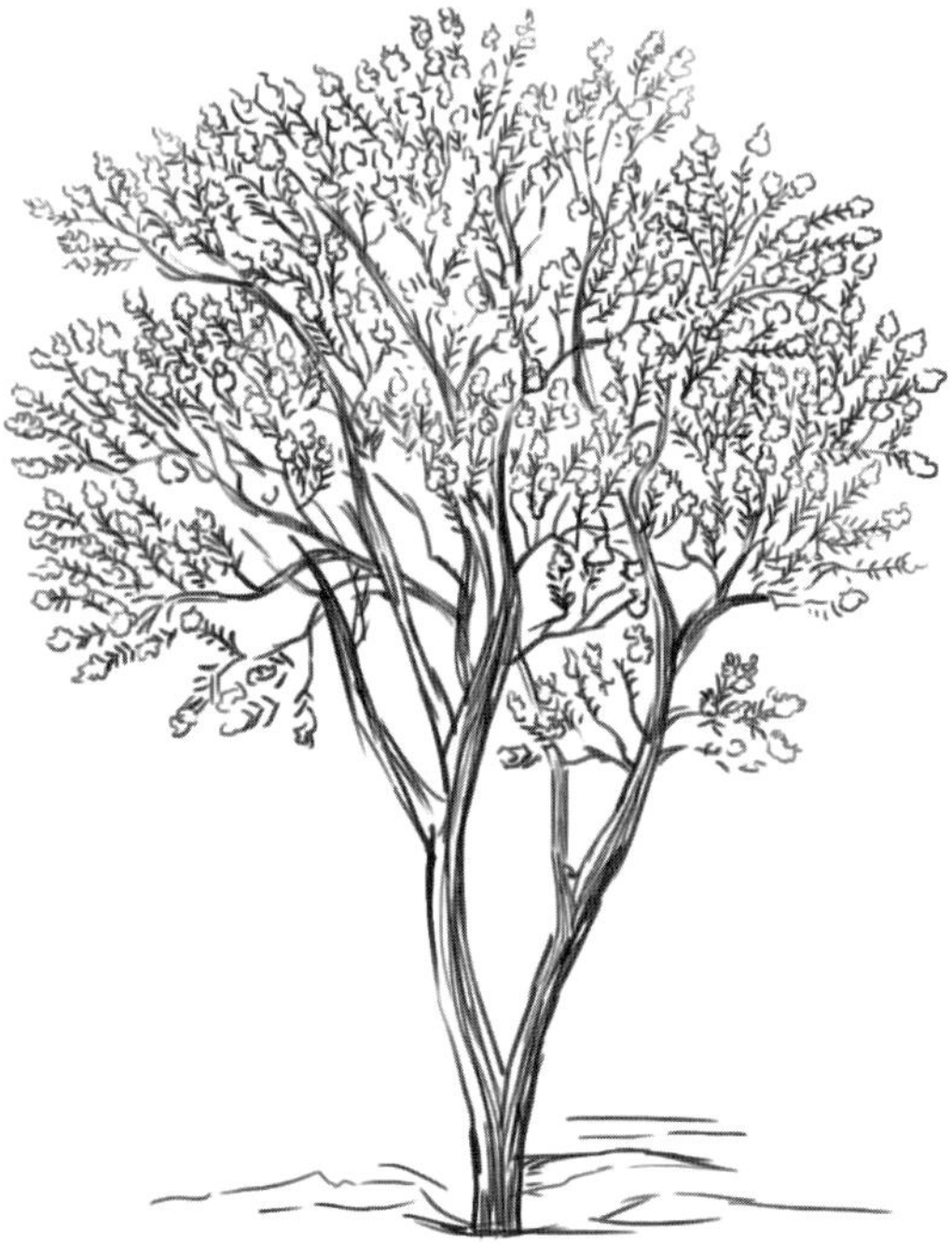

わらひます

北原白秋

あかいな、あかいな、さるすべり、
いつもこの木はわらひます。
おゆびで、こちょこちょ、くすぐると
根から枝からわらひます。

ひかるよ、ひかるよ、さるすべり、
いつもこの木はわらひます。
くすぐるたんびに梢から
花がちります、わらひます。

＊北原白秋
（きたはら・はくしゅう）
一八八五（明治18）年、福岡県山門郡沖端村（現・柳川市）生まれ。早稲田大学予科を中退。幼少より島崎藤村『若菜集』を愛読し、詩歌を書き始める。『文庫』や『明星』などに短歌と詩を寄稿し、雑誌『朱欒』などを創刊。第一詩集『邪宗門』で文壇に衝撃を与える。以後、詩集『思ひ出』や歌集『桐の花』などを刊行、旺盛な執筆を続ける。鈴木三重吉主宰の童話・童謡雑誌『赤い鳥』の創刊に参加し、数多くの童謡を書く。一九四二（昭和17）年、57歳で死去。

春のうた

草野心平

かえるは冬のあいだは土の中にいて春になると地上に出てきます。
そのはじめての日のうた。

ほっ　まぶしいな。
ほっ　うれしいな。

みずは　つるつる。
かぜは　そよそよ。
ケルルン　クック。
ああいいにおいだ。
ケルルン　クック。

＊草野心平（くさの・しんぺい）一九〇三（明治36）年、福島県石城郡上小川村（現・いわき市）生まれ。慶應義塾普通部を中退し、一九二一（大正10）年、中国の嶺南大学に留学。この頃から欧米の詩に強く惹かれ、本格的に詩作を始める。中国で活動を続けたが、反日運動のために一九二五（大正14）年帰国。一九二三（大正12）年、詩集『廃園の喇叭』を刊行。帰国後、詩誌『銅鑼』を創刊し、以後、高村光太郎や宮沢賢治と交流。詩誌『歴程』を創刊するなど、精力的な活動をつづける。『定本蛙』（一九四八〈昭和23〉年）で読売文学賞。一九

ほっ　いぬのふぐりがさいている。
ほっ　おおきなくもがうごいている。

ケルルン　クック。
ケルルン　クック。

八八（昭和63）年、85歳で死去。

蠕蟲舞手《アンネリダテンツエーリン》

宮沢賢治

（ええ　水ゾルですよ
　おぼろな寒天《アガア》の液ですよ）
日は黄金《きん》の薔薇
赤いちひさな蠕蟲《ぜんちゆう*》が
水とひかりをからだにまとひ
ひとりでをどりをやつてゐる
（ええ　8《エイト》　γ《ガムマア》　e《イー》　6《スイツクス》　α《アルフア》
　ことにもアラベスクの飾り文字）
羽むしの死骸
いちゐのかれ葉
真珠の泡に

＊宮沢賢治（みやざわ・けんじ）一八九六（明治29）年、岩手県花巻市生まれ。盛岡高等農林学校卒。研究生を経て、稗貫農学校の教員となる。一九二四（大正13）年、詩集『心象スケッチ　春と修羅』と童話集『注文の多い料理店』を刊行。地方新聞や雑誌などに詩と童話を発表する。一九三三（昭和8）年、37歳で死去。没後、草野心平らにより未発表作品が数多く刊行され、一躍高い評価を得た。代表作に「風の又三郎」「銀河鉄道の夜」「グスコーブドリの伝記」などがある。

ちぎれたこけの花軸など
（赤いちひさなひいさまは
いまみづ底のみかげのうへに
黄いろなかげとおふたりで
せつかくをどつてゐられます
いいえ　けれども　すぐでせう
まもなく浮いておいででせう）
赤い蠕蟲《アンネリダ》舞手《テンツエーリン》は
とがつた二つの耳をもち
燐光珊瑚の環節に
正しく飾る真珠のぼたん
くるりくるりと廻つてゐます
（ええ　8《エイト》　γ《ガムマア》　e《イー》　6《スイツクス》　α《アルフア》
ことにもアラベスクの飾り文字）

＊**蠕蟲**　ボウフラ（蚊の幼虫）やミミズなどの骨格を持たない、細長く身体全体を使って動く虫のこと。

背中きらきら燦《かがや》いて
ちからいつぱいまはりはするが
真珠もじつはまがひもの
ガラスどころか空気だま
　（いいえ　それでも
　エイト　ガムマア　イー　スィックス　アルフア
　ことにもアラベスクの飾り文字）

せなかきらきらかがやいて
ちからいつぱい
をどつてゐるといはれても
じつはからだの泡を苦にしてはねまはるなら
おまへもさつぱりらくぢやない

それに日が雲に入つたし
わたしは石に坐つてしびれが切れたし
水底の黒い木片は毛蟲か海鼠《なまこ》のやうだしさ
それに第一おまへのかたちは見えないし
ほんとに溶けてしまつたのやら

それともみんなはじめから
おぼろに青い夢だやら
（いいえ　あすこにおいでです　おいでです
　ひいさま　いらつしやいます
　8《エイト》　γ《ガムマア》　e《イー》　6《スイツクス》　α《アルフア》
　ことにもアラベスクの飾り文字）

ふん　水はおぼろで
ひかりは惑ひ
蟲は　エイト　ガムマア　イー　スイックス　アルフア

ことにもアラベスクの飾り文字かい
ああくすぐつたい
（はい　まつたくそれにちがひません
エイト　ガムマア　イー　スイックス　アルフア
ことにもアラベスクの飾り文字）

なだれ

井伏鱒二

峯の雪が裂け
雪がなだれる
そのなだれに
熊が乗つてゐる
あぐらをかき
安閑と
莨《たばこ》をすふやうな恰好で
そこに一ぴき熊がゐる

＊井伏鱒二（いぶせ・ますじ）一八九八（明治31）年、広島県安那郡加茂村（現・福山市）生まれ。早稲田大学仏文科中退。一九二三年（大正12年）、同人誌『世紀』に「幽閉」（のち「山椒魚」に改題）を発表。一九三七（昭和12）年刊行の『ジョン萬次郎漂流記』で直木賞を受賞。一九六六（昭和41）年に、『黒い雨』で野間文芸賞を受賞。詩集に『厄除け詩集』（一九三七〈昭和12〉年）がある。一九九三（平成5）年、95歳で死去。

つくだ煮の小魚

井伏鱒二

ある日　雨の晴れまに
竹の皮に包んだつくだ煮が
水たまりにこぼれ落ちた
つくだ煮の小魚達は
その一ぴき一ぴきを見てみれば
目を大きく見開いて
環《わ》になつて互にからみあつてゐる
鰭《ひれ》も尻尾も折れてゐない
顎の呼吸《こきふ》するところには　色つやさへある
そして　水たまりの底に放たれたが
あめ色の小魚達は
互に生きて返らなんだ

＊井伏鱒二（いぶせ・ますじ）
前出（↓147ページ）

シジミ

石垣りん

夜中に目をさました。
ゆうべ買つたシジミたちが
台所のすみで
口をあけて生きていた。

「夜が明けたら
ドレモコレモ
ミンナクツテヤル」

鬼ババの笑いを
私は笑つた。

＊石垣りん（いしがき・りん）
前出（↓7ページ）

それから先は
うつすら口をあけて
寝るよりほかに私の夜はなかつた。

老犬

武鹿悦子

とし老いたコリーが
つめたい歩道にすわっている

風が吹《ふ》けばそよぎだし
昔《むかし》はしった草原のようにひろがり

陽がさせば陽にとけ
むかし渡《わた》った湖のようにきらめき

顔だけが
すこし笑《わら》って

＊**武鹿悦子**（ぶしか・えつこ）
一九二八（昭和３）年、東京生まれ。東京都立第八高等女学校卒業。児童詩人・児童文学作家。児童詩、絵本、翻訳など多数の著作がある。詩集に『ねこぜんまい』（一九八二〈昭和57〉年、産経児童出版文化賞）、『星』（二〇一三〈平成25〉年、日本児童文学者協会賞）などがある。

池袋で

木山捷平

女の人が道をたづねた。
知らないので知らないと答へた。
実は私も
その番地をさがしてゐるのであつた。

＊**木山捷平**（きやま・しょうへい）一九〇四（明治37）年、岡山県小田郡新山村（現・笠岡市）生まれ。姫路師範学校（現・神戸大学）卒。のち東洋大学専門学部文化学科中退。中学生より詩などを書きはじめる。一九二九（昭和４）年、第一詩集『野』出版。一九三三年（昭和８年）に太宰治らと『海豹』を創刊。以降は小説を執筆。『抑制の日』（一九三九〈昭和14〉年）が芥川龍之介賞候補になる。一九四四（昭和19）年に、新京（現在の長春）に赴任。終戦一年後に帰国。中国での戦争体験を描いた『大陸の細道』（一九六二〈昭和37〉年、芸術選奨文部大臣賞）は代表作となる。一九六八（昭和43）年、64歳で死去。

ああ

黒田三郎

ああ　あんなにも他愛もなく
僕自身によってさえやすやすと
欺されてしまったのに
僕には
僕を欺すことさえ出来ない
なんて

呟いたとたんに帽子が風にとんで行った
微笑
冷たい夕暮の風が
僕の唇から微笑を盗みとる
木の葉がざわざわ鳴っている

＊黒田三郎（くろだ・さぶろう）
一九一九（大正８）年、広島県呉市生まれ。旧制高等学校に在学した頃から、欧米文学に関心を覚え、北園克衛主宰の雑誌『ＶＯＵ』に寄稿。東京帝国大学経済学部に入る。戦中は、ジャワ島などで工場の管理をつとめる。帰国後、記者としてＮＨＫに就職。一九四七（昭和22）年、田村隆一、鮎川信夫らと『荒地』を創刊。一九五四（昭和29）年に刊行した詩集『ひとりの女に』でＨ氏賞を受賞。一九八〇（昭和55）年、60歳で死去。

みかんの皮をむいた

鈴木志郎康

みかんを食べるのに
皮をむく
細かくすじを取る
冬になって
みかんを食べるとき
子供の頃からそうして来た
私はこんなことをして来たのか
アハハハ
と笑う

＊鈴木志郎康（すずき・しろうやす）

一九三五（昭和10）年、東京都亀戸生まれ。早稲田大学文学部卒。卒業後、NHKのカメラマンをつとめる。高校生の頃から詩作を試み、雑誌『青鰐』や『凶区』などに作品を発表。一九六三（昭和38）年、第一詩集『新生都市』を刊行。詩集に『罐製同棲又は陥穽への逃走』（一九六七〈昭和42〉年、H氏賞）、『胡桃ポインタ』（二〇〇一〈平成13〉年、高見順賞）、『声の生地』（二〇〇八〈平成20〉年、萩原朔太郎賞）など。詩作品や詩論等のほかに、映像作品が多数ある。

私のカメラ

茨木のり子

眼
それは　レンズ

まばたき
それは　わたしの　シャッター

髪でかこまれた
小さな　小さな　暗室もあって

だから　わたし
カメラなんかぶらさげない

＊茨木のり子（いばらぎ・のりこ）一九二六（大正15）年、大阪市東淀川区（現・淀川区）生まれ。帝国女子医学・薬学・理学専門学校（現・東邦大学薬学部）卒。一九四六（昭和21）年、戯曲「とほつみおやたち」が読売新聞戯曲第一回募集で佳作に選ばれる。その後詩に転じ、一九五三（昭和28）年、川崎洋と『櫂』を創刊。一九五五（昭和30）年、第一詩集『対話』を刊行。以後『見えない配達夫』（一九五八〈昭和33〉年）、『自分の感受性くらい』（一九七七〈昭和51〉年）などの詩集のほか、詩論、エッセイなど多数の著作を発表する。一九九

ごぞんじ？　わたしのなかに
あなたのフィルムが沢山しまってあるのを

木洩れ陽のしたで笑うあなた
波を切る栗色の眩しいからだ

煙草に火をつける　子供のように眠る
蘭の花のように匂う　森ではライオンになったっけ

世界にたったひとつ　だあれも知らない
わたしのフィルム・ライブラリイ

○（平成2）年には翻訳詩集『韓国現代詩選』で読売文学賞を受賞。二〇〇六（平成18）年、79歳で死去。

岩手軽便鉄道の一月（作品第四〇三番）

宮沢賢治

ぴかぴかぴかぴかぴか田圃《たんぼ》の雪がひかつてくる
河岸の樹がみなまつ白に凍つてゐる
うしろは河がうららかな火や氷を載せて
ぼんやり南へすべつてゐる
よう　くるみの木　ジュグランダー　鏡を吊し
よう　かはやなぎ　サリックスランダー　鏡を吊し
はんのき　アルヌスランダー　鏡鏡鏡鏡をつるし
からまつ　ラリクスランダー　鏡をつるし
グランド電柱　フサランダー　鏡をつるし
さはぐるみ　ジュグランダー　鏡を吊し
桑の木　モルスランダー　鏡を……

＊宮沢賢治（みやざわ・けんじ）
前出（↓142ページ）

ははは　汽車《こっち》がたうとうななめに列をよこぎつたので
桑の氷華はふさふさ風にひかつて落ちる

へへのもへじ

八木重吉

あつい日だ
こどもをつれてきたらば
路のうえへ
石っころで　へへのもへじとかけという
ひとすじのこころとなり
へへのもへじとかいた

＊八木重吉（やぎ・じゅうきち）　一八九八（明治31）年、東京府南多摩郡堺村（現・東京都町田市）生まれ。東京高等師範学校在学中の一九一九（大正8）年、駒込基督会で受洗。卒業後は英語の学校教員として兵庫県に赴任。この頃から詩と短歌を書き始める。一九二五（大正14）年、第一詩集『秋の瞳』を刊行。多数の詩誌に作品を発表し、草野心平と交流を持つが、肺結核と診断され、茅ケ崎の療養所に入院。一九二七（昭和2）年、29歳で死去。没後、病床で自ら編纂した第二詩集『貧しき信徒』が刊行される。

リボンの歌

長谷川四郎

貸借明細書
なんてあんまり
好きじゃない
じゃ何が好きかね
そうだな
まあ
少女らの笑い声
朝
海に舟こぐ
リボンのかがやき
それから

＊長谷川四郎
（はせがわ・しろう）

一九〇九（明治42）年、北海道函館市生まれ。法政大学文学部独文科卒。南満州鉄道株式会社に入社。戦後シベリアに抑留。一九五〇（昭和25）年に帰国。体験を元に『シベリヤ物語』（一九五二〈昭和27〉年）などの小説を発表。兄弟に小説家・長谷川海太郎、洋画家・長谷川潾二郎、ロシア文学者、詩人・長谷川濬がいる。一九八七（昭和62）年、78歳で死去。

そう
きみの吹く
泉のくちぶえ
きみ
きみが誰であろうとも
それから
もうすぎさった
一つこっきりの
夏が好きさ

微笑だけ

長田 弘

風が冷たくなって、空が低くなった。
樹には影がない。雲だけが動いていた。
感覚が鋭くなった。季節が変わったのだ。
街で、友人を見かけたのは、その日だった。
幼い日の表情をのこした、懐かしい友人。
長い間会っていないのに、すぐにわかった。
名を呼ぼうとしたとき、人込みにまぎれて
遠い友人の姿は、すでに消えていた。
そのとき、思いだした。
もうとうに、友人は世を去っていた。
微笑だけがのこっていた。

＊長田 弘（おさだ・ひろし）
一九三九（昭和14）年、福島県福島市生まれ。早稲田大学第一文学部ドイツ文学科卒。一九六〇（昭和35）年、詩誌『鳥』を創刊。一九六五（昭和40）年に第一詩集『われら新鮮な旅人』と詩論集『抒情の変革』を刊行。以後、詩集のほか評論、エッセイ、絵本など著書多数。詩集に『深呼吸の必要』（一九八四〈昭和59〉年）、『記憶のつくり方』（一九九八〈平成10〉年）、『世界はうつくしいと』（二〇〇九〈平成21〉年、三好達治賞）など。二〇一五年、75歳で死去。

キンモクセイの花の匂いがした。

陽がかげってきて、世界が暗くなった。
どこかで、木の枝の折れる音がした。
言葉はとうに意味をもたなくなった。
秋の日の終わり、たましいに
油を差すために、濃いコーヒーをする。
そのとき気づいた。そこに彼女がいた。
うつくしい長い細い指をもったチェロ弾き。
長い間会っていないのに、すぐにわかった。
声をかけようとして、思いだした。
もうとうに、彼女は世を去っていた。
微笑だけがのこっていた。
弦の静かな響きがひろがってきた。

微笑だけ。ほかには無い。
この世にひとが遺せるものは。

居直りりんご

石原吉郎

ひとつだけあとへ
とりのこされ
りんごは　ちいさく
居直ってみた
りんごが一個で
居直っても
どうなるものかと
かんがえたが
それほどりんごは
気がよわくて
それほどこころ細かったから

＊石原吉郎（いしはら・よしろう）
前出（→67ページ）

やっぱり居直ることにして
あたりをぐるっと
見まわしてから
たたみのへりまで
ころげて行って
これでもかとちいさく
居直ってやった

物音

中江俊夫

そつと　物たちがふり向く
すると「誰れ」？　と言うことばが
もう両手をあげて
小闇にはしつていく

その時
私たち二人の　世界がわからなくなり
お互いの心臓と　ふれあつたりして
思わず
「どうしようか」　となんか
ためらいがちに　笑つたりする

＊中江俊夫（なかえ・としお）
前出（↓106ページ）

風

丸山 薫

繁みの中で一と声、牛が鳴く。
枝が一斉に打ち消すやうにそよいで、まちまちに静かになる。
繁みの中で一と声、牛が鳴く。
枝が一斉に打ち消すやうにどよめいて、まちまちに笑ひ痴《こ》ける。
繁みの中で一と声、牛が鳴く。
枝がまちまちにさざめいて、やがて一斉に笑ひ崩れる。
繁みの中で一と声、牛が鳴く。
と、枝はまちまちにさざめいて、さざめきはそのまま枝にかくれる。

＊丸山 薫（まるやま・かおる）
前出（↓93ページ）

かくれてゐたさざめきが一斉に枝を揺つて笑ひ出した。
その笑ひに重ねてもう一と声、牛が鳴く。

揚々と

池井昌樹

きょうはもうはやくかえろう
こんなにくたびれはてたから
どんなさそいもことわって
どんなしごともなげうって
きょうはもうかえってしまおう
いつものみちをいつものように
いつものでんしゃをのりかえて
いつものようにいつものみちを
ようようとぼくはかえろう
やさしいあかりのともるまど
さかなやくけむりのにおい

＊池井昌樹（いけい・まさき）
前出（↓34ページ）

なつかしい
わがやのまえもゆきすぎて
ゆめみるように
ひとりかえろう

顔

藤富保男

顔が見えなくなる程笑った
そして急に石のように硬くなって
それから　また顔じゅうで話をして
それで満足した

＊藤富保男（ふじとみ・やすお）
前出（↓28ページ）

猫と会話する

鈴木志郎康

夜中の二時に
気が詰ってしまって外に出て歩いた
猫が歩いていた
私は気紛れにしゃがみ込んで、手を差しのべて
舌を鳴らして猫を呼ぶ
猫は応えて正確に猫の鳴き声を発音する
私は、人間だから
舌を鳴らして猫を呼ぶ
猫は私を見て正確に発音する
こうなると、猫を摑えたくなって
私は一歩前へ出る

＊鈴木志郎康
（すずき・しろうやす）
前出（↓154ページ）

猫は一歩正確に退る
私は気紛れに二歩前へ出る
猫はきちんと二歩退る
私は言葉の代りに舌を鳴らして一歩退く
猫は正確に発音しながら一歩前へ出る
私は、かわいい奴よ、と思いながら
急に狂おしく摑まえたくなってしまって
一歩前へ出る
猫は一歩退る
とうとう、私は
どうして猫は私の手元に来ないのか、という言葉を頭の中に結んでし
まった
私が気紛れに一歩前へ出ると
猫は正確に一歩後へ退り

私は呆きてしまって家へ帰ったが
馬鹿らしくて寝てしまった

ほほえみ

川崎　洋

ビールには枝豆
カレーライスには福神漬け
夕焼けには赤とんぼ
花には嵐
サンマには青い密柑の酸
アダムにはいちじくの葉
青空には白鳥
ライオンには縞馬
富士山には月見草
塀には落書
やくざには唐獅子牡丹

＊川崎　洋（かわさき・ひろし）　一九三〇（昭和5）年、東京府荏原郡大井町（現・東京都品川区西大井）生まれ。西南学院大学英文科中退。一九五三（昭和28）年に茨木のり子と詩雑誌『櫂』を創刊。谷川俊太郎、中江俊夫、大岡信、吉野弘らが加わった。一九五五（昭和30）年、第一詩集『はくちょう』刊行。詩集に『ビスケットの空カン』（一九八六（昭和61）年、高見順賞）など。ラジオ、テレビなどの放送作家としても知られ、合唱曲の作詞も多数手がける。一九九七（平成9）年に紫綬褒章受章。二〇〇四（平成16）年、74歳で死去。

花見にはけんか
雪にはカラス
五寸釘には藁人形

ほほえみ　には　ほほえみ

晴れる心

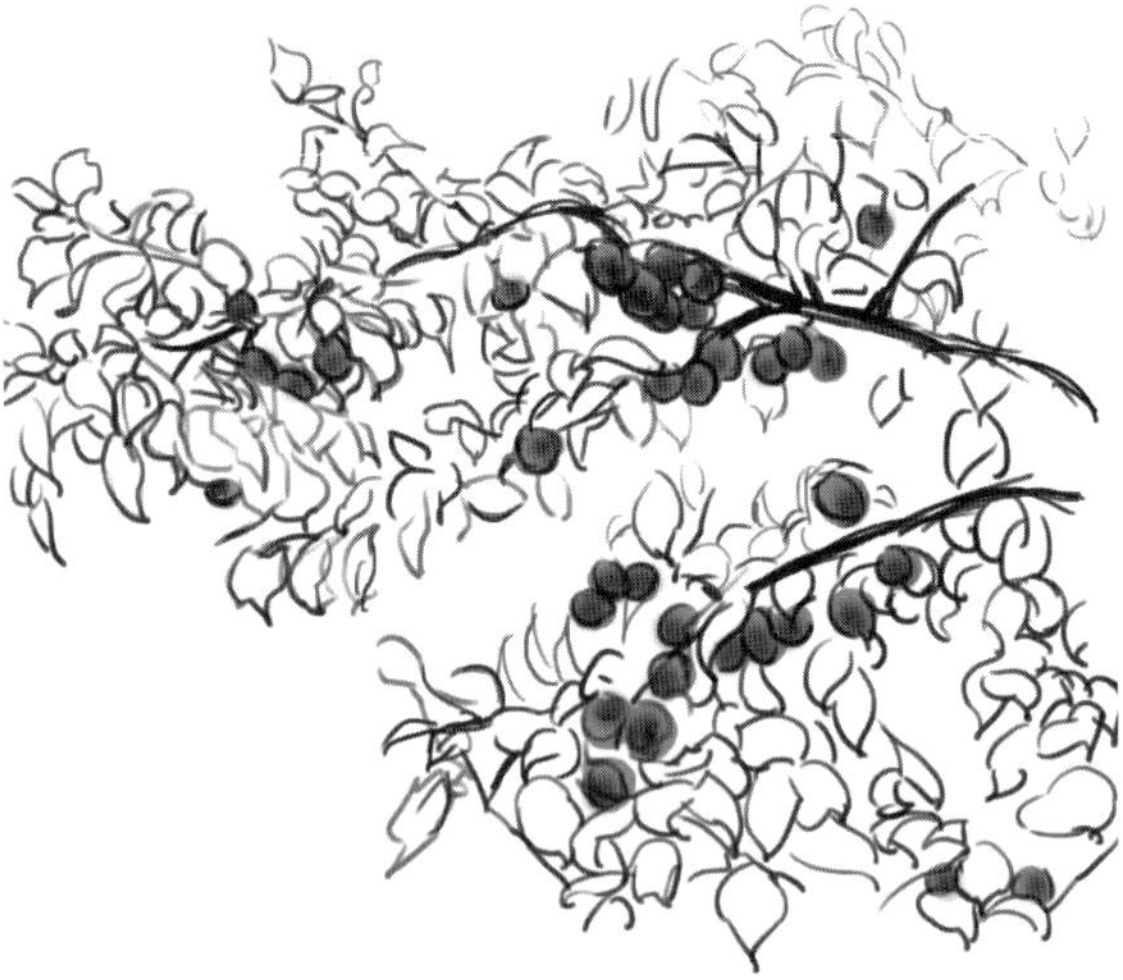

太陽

西脇順三郎

カルモヂインの田舎は大理石の産地で
其処で私は夏をすごしたことがあつた。
ヒバリもゐないし、蛇も出ない。
ただ青いスモモの藪から太陽が出て
またスモモの藪へ沈む。
少年は小川でドルフィンを捉へて笑つた。

＊西脇順三郎
（にしわき・じゅんざぶろう）

一八九四（明治27）年、新潟県小千谷市生まれ。慶應義塾大学卒。英国オックスフォード大学に留学し、新しい文学思潮を吸収。一九二五（大正14）年、英文詩集『Spectrum』を刊行する。帰国後、慶應大学の教授をつとめるかたわら、詩人、評論家、翻訳家として活躍する。詩集に『Ambarvalia』（一九三三〈昭和8〉年）、『旅人かへらず』（一九四七〈昭和22〉年）など。シュルレアリスムの紹介者となり、日本の詩人に影響を与えるとともに、海外でも高い評価を得る。一九八二（昭和57）年、88歳で死去。

小さなリリーに

川崎 洋

小さなリリーは
はじめて虹を見て
びっくりした
「あれは何の広告なの？」
『ドイツ・ジョーク集』
に　みつけた一節だ

小さなリリーよ
あの七色はね
不意によいことが

＊川崎　洋（かわさき・ひろし）
前出（↓176ページ）

押し寄せてくることがある
というお知らせです
そのことが言葉ではそらぞらしいので
ああして
広告しているのです

いるか

谷川俊太郎

いるかいるか
いないかいるか
いないいないいるか
いつならいるか
よるならいるか
またきてみるか

いるかいないか
いないかいるか
いるいるいるか
いっぱいいるか
ねているいるか
ゆめみているか

＊谷川俊太郎
（たにかわ・しゅんたろう）
前出（↓9ページ）

散歩

室生犀星

僕は退屈すると
すぐ裏の畑へ跳り出た

畑地は埋められて
新しい家が次第に建つて行つた
僕はそこから山の手の
小さな鉄橋のあたりをいつも歩いた
そこの蒼蒼しい土手は
よく肥えていろいろな花をつけてゐた

僕はこの小さな鉄橋がすきであつた

＊室生犀星（むろう・さいせい）
前出（↓10ページ）

鉄橋のしたの小川から
ずつと一面の野菜畑の拓かれてゐるのが
まるで絵のやうであつた

日曜の午前など
美しい郊外の女の子らが
そこで摘草をしたり
なめらかな土手の上から
玉のやうに転がつたりして遊んでゐた
その紅いリボンをつけた麦藁帽子が
遠くからはまるで花のやうに見へた
ちらちらと光の中に浮びながら

土手と畑とのさかひに二三本の

桃の咲いたのがあり
遠くからは温かく映つて見へた
高い優しい女の子らしい強い声や
手を拍つ音や
華やかなきやつきやつといふ声などが
ひとときの天国のやうに
そこでは美事に遊ばれてゐた
十五分ごとに通る山の手の電車は
春にはいつてから
羽のあるもののやうに軽く軽く馳つてゐた
その窓から夏帽子が光つたり
美しい婦人の襟あしなど
くつきりとつるぎのやうに光つてゐた
なぜか楽しげな会合に赴く人のみが

いつも電車にのつてゐるやうであつた

喜び悲しみ

高見 順

こう　その　寝たっきりで
おりますというと
庭つづきの向いの家の犬の
喜び悲しみが
はっきりと分ってしまって
それが
僕の喜び悲しみに成ってしまって
つまり
僕自身の喜び悲しみは
無くなってしまうのであります

＊高見 順（たかみ・じゅん）
一九〇七（明治40）年、福井県坂井郡三国町生まれ。東京帝国大学英文科卒。在学中からプロレタリア文学運動に関わり、雑誌『左翼芸術』に小説を寄稿。一九三五（昭和10）年の『故旧忘れ得べき』は第一回芥川賞の候補作となる。一九五〇（昭和25）年、詩集『樹木派』を出版。晩年は日本近代文学館の設立に尽力。一九六四（昭和39）年に発表した「死の淵より」は、食道がんの闘病生活がモチーフとされている。一九六五（昭和40）年、58歳で死去。

同じ道

高見 順

はじめは
同じ道を散歩するのが
つまらなかったが
だんだんと
同じ道に親しむと
同じ道を歩くのが楽しくなった
同じ道でありながら
毎日何か新しいものを見せてくれる
それが新しい道でなく同じ道であることによって
楽しいのであった
今朝は

＊高見 順（たかみ・じゅん）
前出（↓189ページ）

アレチノギクのはびこった寂しい踏切に
ちんちんちんちんとベルがひとりで鳴っていて
楽しかった

十月

高見 順

出発ばかり考えている雲が
そわそわとみんな出発しきったあとで
秋風が静かに私を訪れて
ちょっと一服と窓辺に寛いで
その掌に草の実をころがしながら
私に話しかけるいろいろの話は
草の実が今年の草の実でありながら
昔ながらの草の実であるように
今日このごろの噂話にも
昔ながらの悲しみや永遠の喜びを
果実の中の汁液のようにたたえ

＊高見 順（たかみ・じゅん）
前出（↓189ページ）

忙しい私を沈思の楽しさに導いて
たとえば果実が甘く熟れるのにも
懶惰《らいだ》に似た時間が必要なのだと
枯淡な微笑を投げかける
この話し好きの古老のような
十月の風が私は好きだ

風景

伊藤桂一

竹藪で誰かが竹を斫《き》っている
竹は華やかな叫びをあげて大袈裟な身振りで仆れてゆく
そのあと　天がますます明るくなる
これから斫られる竹は身を寄せあい
羞しげな含み笑いを交しながら
なぜだか嬉しそうに順番を待っている

＊

ははは　と　誰かが澄んだ声をして笑う
鳥かしら？　鳥でもない
そこらがばかに騒がしくて

＊伊藤桂一（いとう・けいいち）
一九一七（大正6）年、三重県三重郡神前村（現・四日市市）生まれ。旧制世田谷中学卒。中学時代より詩や小説を投稿する。一九三八（昭和13）年、入隊し中国に出兵する。一九四六（昭和21）年、復員。一九四九（昭和24）年に、小説「晩青」でデビュー。時代小説、『螢の河』（一九六二〈昭和37〉年、直木賞）、『静かなノモンハン』（一九八三〈昭和58〉年、芸術選奨文部大臣賞、吉川英治文学賞）などの戦記小説がある。詩集に『竹の思想』（一九六一〈昭和36〉年）、『連翹の帯』（一九九七〈平成9〉年、地球賞）

竹藪の中に誰かがいるらしい
彼は竹を斫っている　すると
紺青を刷いてゆるやかな弧を描いてつぎつぎに仆れる竹が
ははは　と擽《くすぐ》ったそうに笑うのである

など。二〇一六（平成28）年、99歳で死去。

笑うクンプルング

荒川洋治

クンプルングが　笑った
笑う「野原」
なんて
きみは　どいなかよ　草だけよ
笑うなんて。
さっき通り過ぎた町の名前が
もどりかけた　ところなのに

草地のほらに
ちいさめの恋のように
足をだし　おすわりしたばかりなのに

＊荒川洋治（あらかわ・ようじ）
前出（↓25ページ）

知ってるよ　と笑う
下敷きくゆらして笑う
どのみちみじかいよォ　と。

笑うクンプルング
きょう
旅に慣れ　ようやく
隠れかけた
こころに

お

藤富保男

おばさんは笑ったまま　固まってしまった
よく笑う罰だ

子供が　いなごのようにうるさい
早く村へ帰ればいい

いのししがきたあ　とおどかすと
あれは夕立よ　とまだ笑っている

あの大きな口に自転車でも入れたい位

＊藤富保男（ふじとみ・やすお）
前出（↓28ページ）

愛情

耕 治人

一つの愛情が
自分の心をおとづれた
それから
くもつた日が
かがやかしくなり
草や木や
花が
やさしく自分に笑ひかけた
愛情はいつも自分と一緒にゐるので
人々をなつかしく思ひ
その日その日が

＊耕 治人（こう・はると）一九〇六（明治39）年、熊本県八代市生まれ。明治学院卒。『主婦の友』を経て文筆活動に入る。千家元麿に師事。一九三〇（昭和5）年、『耕治人詩集』を刊行。戦後は、身辺に取材した私小説的を多く発表した。『一条の光』（一九六九〈昭和44〉年）で読売文学賞を受賞。『この世に招かれてきた客』で一九七三（昭和48）年、平林たい子文学賞を受賞。『耕治人全詩集』（一九八〇〈昭和55〉年）で芸術選奨文部大臣賞を受賞した。一九八八（昭和63）年、81歳で死去。

たのしく
愉快だ

元朝

高祖 保

あかるい庭のはうで
胸張つて　高音《たかね》
ことしの鶯が　啼く

子の眠りはふかい
ふかい眠りから　子を呼びさますもの
——眼にみえぬところにあるもの
ちちか
ははか
否　いな、とほきにある
神のおん手のごときもの

＊高祖 保（こうそ・たもつ）
一九一〇（明治43）年、岡山県邑久郡（現・瀬戸内市）生まれ。國學院高等師範部（現・國學院大學）卒。一九三三（昭和8）年、第一詩集『希臘十字』を刊行。一九四二（昭和17）年、詩集『雪』を発表し、文藝汎論詩集賞を受賞。一九四四（昭和19）年、徴兵され南方戦線に出兵、翌年、ビルマの野戦病院にて、35歳で死去。戦後の一九四七（昭和22）年、遺族らの手により『高祖保詩集』が刊行される。

ひかりが　怒つてゐる
ひかりが　咲《わら》つてゐる

怒る　ひかりに　親しめ
咲《わら》ふ　ひかりを　畏れよ

あかるい夜のそらで
——胸張つて
ことしの奴凧が　跳ねてゐる

遠景

木山捷平

草原の上に腰を下して
幼い少女が
髪の毛を風になびかせながら
むしんに絵を描いてゐた。
私はそつと近よつて
のぞいて見たが
やたらに青いものをぬりつけてゐるばかりで
何をかいてゐるのか皆目わからなかつた。
そこで私はたづねて見た。
——どこを描いてゐるの?
少女はにつこりと微笑して答へてくれた。

＊木山捷平（きやま・しょうへい）
前出（↓152ページ）

――ずつと向うの山と空よ。
だがやつぱり
私にはとてもわからない
ただやたらに青いばかりの絵であつた。

沼地にて

黒田喜夫

凍った沼のほとりに
真はだかの桐の木が立っている

春植の若木は
初めて自分を包んだ冬を感じている

大きいだけに虚ろなひびきで
落ちた葉は
氷の下に沈んでいる

死せる葉の氷漬

＊黒田喜夫（くろだ・きお）
一九二六（昭和元）年、山形県寒河江市生まれ。高等小学校卒業後、上京。プロレタリア文学に傾倒し、戦後は日本共産党に入党、郷里で農民運動に参加するが、結核を病み、療養所で創刊した回覧雑誌『篝火』から詩作をはじめる。その後、同人誌『詩炉』などの活動を経て、関根弘、菅原克己らとの『列島』に至る。一九五九（昭和34）年、第一詩集『不安と遊撃』を刊行、H氏賞を受賞。詩集に『地中の武器』（一九六二〈昭和37〉年）、『不帰郷』（一九七九〈昭和54〉年）。評論に『死にいたる飢餓』（一九六五

一人の男も冷凍する風を感じている
しかし腕を空に差しあげる代りに
彼は石を沼地に投げるだろう

氷は割れるだろう
氷は割れないだろう

しかし彼は噴きだす笑いを
逆転の笑いを笑うだろう

〈昭和40〉年）など。一九八
四（昭和59）年、58歳で死去。

純粋

杉山平一

世の中は
くらく　濁って
（それはそれでよいのだが）
僕の前の卓子の上
コップに水は澄み透っている

それを身体に入れて
もう一ぺん　僕は立ち上がる

杉山平一（すぎやま・へいいち）
一九一四（大正3）年、福島県会津若松市生まれ。東京帝国大学美学科卒業。在学中から三好達治に認められ『四季』同人となる。卒業後は織田作之助と『海風』『大阪文学』を創刊した。一九四二（昭和17）年に第一詩集『夜学生』を刊行（文芸汎論詩集賞）、二〇一一（平成24）年に刊行の詩集『希望』で現代詩人賞を受賞。その他の詩集に『声を限りに』（一九六七〈昭和42〉年）、『ぜぴゅろす』（一九七七〈昭和52〉年）などがある。映画評論家としても広く知られる。二〇一二（平成24）年、97歳で死去。

河童と蛙

草野心平

るんるん　るるんぶ
るるんぶ　るるん
つんつん　つるんぶ
つるんぶ　つるん

河童の皿を月すべり。
じゃぶじゃぶ水をじゃぶつかせ。
かおだけ出して。
踊ってる。

るんるん　るるんぶ

＊草野心平（くさの・しんぺい）
前出（↓140ページ）

るるんぶ　るるん
つんつん　つるんぶ
つるんぶ　つるん

大河童沼のぐるりの山は。
ぐるりの山は息をのみ。
あしだの手だのふりまわし。
月もじゃぼじゃぼ沸いている。

るんるん　るるんぶ
るるんぶ　るるん
つんつん　つるんぶ
つるんぶ　つるん

立った。立った。水の上。
河童がいきなりぶるるっとたち。
天のあたりをねめまわし。
それから。そのまま。

るんるん　るるんぶ
るるんぶ　るるん
つんつん　つるんぶ
つるんぶ　つるん

もうその唄もきこえない。
沼の底から泡がいくつかあがってきた。
兎と杵の休火山などもはっきり映し。
月だけひとり。

動かない。
ぐぶうと一《ひ》と声。
蛙がないた。

貝殼

平田俊子

本日はお日柄もよく
なきがらも笑ってやがら
しがらみから解放されて
ほがらかな笑み
浮かべてやがら
誰かを待ちながら死んでいったか
泣きながらだったのか
ワタリガラスの俺は知らない
ぬけがらとなった今
いやがらせをする人はない
遅ればせながら駆けつける人も

＊平田俊子（ひらた・としこ）
前出（↓123ページ）

涙ながらに送る人もなく
なきがらは燃え殻になる
がらくたのように生きた日々
生まれながらの独りぼっちは
ついに　がらんどうになる
ひとごとながら
さりながら
涙らしきものが落ちるのは
われながら不可解だ
何もかも片付き
からっぽの部屋
あとに残った貝殻ひとつ

狐女子高生

文月悠光

つむぎたいのは、その不規則な体温。
手肌をつらぬく　つむじ風。
プロセスは机の隅に押しやって
唇に海を満たす、吐く。
たおやかに　狂いだす血潮。
この学校ができる前はね
ここで狐を育ててたんだって。
そう告げて、
振り向いたあの子の唇は、とっても青い
狐火だったね　覚えてる。

＊文月悠光（ふづき・ゆみ）
一九九一（平成３）年、北海道札幌市生まれ。早稲田大学教育学部卒。東京在住。第一詩集『適切な世界の適切ならざる私』（二〇〇九〈平成21〉年）で中原中也賞、丸山豊記念現代詩賞を最年少受賞。詩集に『屋根よりも深々と』（二〇一三〈平成25〉年）、『わたしたちの猫』（二〇一六〈平成28〉年）。エッセイに『洗礼ダイアリー』（二〇一六〈平成28〉年）などがある。

（狐女子高生、養狐場で九尾を振り回す。
（狐女子高生、スカートを折る。
（短きゃなお良い至上主義。
（十八歳は成人である由、聞きつけて
（選挙に行った受験生。
（単語帳の陰から盗み見た立候補者、
（あいつ尻尾がないぜ。
（ごまかすな、襟巻き税。

はじめから
あらゆる脈絡と絶交していたけれど
ついに教室の窓を叩き割り、
夕陽の破片を
左胸に食い込ませる／深々と！

鼓動が血に濡れているなんて
いつ　どこで　誰が決めたの。
わだかまる窓という窓を吹き飛ばしたら、
カーテンだけが私の翻《ひるがえ》る顔になった。
壁に抱きついたまま、
風を装い、〝私〟は踊る。

ネクタイ結んであげる、の一声で
化かされる新卒教師はものたりない。
おかげで停学処分を免れて、
青い口紅　倒れたほうへ
いらんかね　いらんかね
油揚げを売り歩く放課後。

水たまり

武鹿悦子

木の　はが　うかんでる
木の　はの　水たまり

かえるが　とびこえる
かえるの　水たまり

みんな　一つずつ
雨に　もらったの

わたしが　わらってる
わたしの　水たまり

＊武鹿悦子（ぶしか・えつこ）
前出（↓151ページ）

西瓜畑

蔵原伸二郎

昨日まで
ごろごろころがっていた　西瓜畑《すいかばたけ》に
今日は
何にもない
未知の人に盗まれたのだ
原っぱと空ばかりがあった
白い雲が往ったり来たりして
西瓜を探している

一人の若い女がやってきた

＊蔵原伸二郎
（くらはら・しんじろう）

一八九九（明治32）年、熊本県阿蘇郡黒川村（現・阿蘇市）生まれ。慶應義塾大学文学部中退。在学中に萩原朔太郎の詩集『青猫』より強い刺激を受け、詩と小説を書き始める。一九二七（昭和2）年、短編集『猫のゐる風景』を刊行。『文芸都市』や『世紀』に寄稿をつづけ、一九三九（昭和14）年に第一詩集『東洋の満月』を刊行。一九六五（昭和40）年、詩集『岩魚』で読売文学賞受賞。同年、65歳で死去。

女は西瓜のことなど知りはしない
充実した腰をふりながら
のぼせた顔をして
すたすたと　未知の世界へ行った

やがて女も消えた
原っぱがあって　その上に空があった

久しぶり

清岡卓行

ほんとに久しぶりだね　と懐かしがると
照れ臭そうに　無精髭の顔をほころばせ
底近くまでおおきく欠けた　湯呑茶碗に
彼はお茶を　そっとそっと入れてくれる。

＊清岡卓行（きよおか・たかゆき）
前出（↓87ページ）

わらう

谷川俊太郎

ずっとむかしのいまごろ
わたしはまだいなくて
あざみのはかげの
ひかりのつぶつぶだった
だけどみてたの
おかあさんのなみだを
わたしはしっていた
わたしもいつか
おかあさんのようになくだろうって
いくつことばをおぼえても
かなしみはなくならない

＊谷川俊太郎
（たにかわ・しゅんたろう）
前出（↓9ページ）

だからいまここにわたしはいて
おかあさんにわらいかけるの

エッセイ

おもしろいことがいっぱい

蜂飼耳

人は笑います。おもしろおかしいことに出会ったとき。うれしいことがあったとき。明るい気持ちになり、自然とほほえみが浮かび、周りの人もつられて思わずほほえむ。怒りや哀しみを底に秘めた笑い、皮肉や批判がまじった笑いも、ときにはあります。

笑う、という動詞を一つの袋だとすると、そこへ手を入れれば、まるで手品みたいに、少しずつ色合いの異なるいくつもの笑いを取り出せるでしょう。

この巻には、近代から現代までの、笑いにまつわる詩を選び、集めました。とはいえ、読む人によってはとくに笑えない詩、どこを笑ったらよいかわからない詩も、あるかと思います。でも、どうぞ気にせずに読み進めてください。

集めた作品を、四つの章に分けてありますが、どの詩も、見方によってはもちろん、他の章に入れることができるはずです。別の章に入れるほうがふさわしいのでは、などと考えながら読んでくださるなら、それはむしろうれしいことです。

四つの章から、いくつかの詩を見てみましょう。まず〈ちょっと苦くて〉の章から、冒頭に置いた石垣りんの「着物」です。

私はこの詩が好きで、読むたびにうれしくなります。犬に服を着せてかわいがっている人に対してはちょっと申し訳ないような気持ちにもなりますが、よく読めば、作者が表現しようとしたことの深さが見えてくるでしょう。この詩の、なんともいえないユーモアと皮肉の味には、からだをくすぐられる感じがします。

犬に着物をきせるのは
さしあたってコッケイです。

という箇所の、「さしあたって」という言葉は絶妙ではありませんか。試しに、それを抜いて読んでみるとよくわかります。「さしあたって」は、別の言い方をするなら、たとえば「当面」「いまのところ」といった意味ですね。ただ単に「コッケイです。」と断定するだけでなく、「さしあたって」と入れることで、この詩の足場にあるユーモアの感じが増しているのです。そういうところに作者の言語感覚のよさが出ている、ともいえるでしょう。

人間が犬に着物をきせたとき
はじめて着物が見えてくる
着せきれない部分が見えてくる。

からだに合わせてこしらえた
合わせきれない獣のつじつま。

そのオカシサの首に鎖をつけて
気どりながら

引かれてゆくのは人間です。

という、この詩の後半の運びはとても鮮やかですね。きれいにまとまりすぎではないかと思うほどの鮮やかさですが、徐々にひらかれていく展望には、ぐっと引きこまれます。犬に散歩をさせるとき、じつは人間のほうが「そのオカシサ」に引っ張られている、というわけです。愛犬家の方々、どうぞ怒らないでください。あくまでも人間という存在の、哀しさやおもしろさを、えぐるように描いた作品なのですから。

中原中也の「三歳の記憶」は、幼い日の稚厠（トイレ）での出来事を描いています。

稚厠《おかは》の上に　抱えられてた、
すると尻から、蛔虫《むし》が下がつた。
その蛔虫が、稚厠の浅瀬で動くので
動くので、私は吃驚《びつくり》しちまつた。

この後に、泣いてしまうと書かれています。身体から寄生虫が出てくるなんて、小さな子どもにとっては恐怖の体験だったわけですが、読者にとっては、思わず笑ってしまうようなところがありますね。この詩のなかでは誰かが笑っているわけではないのですが、読むときには、恐ろしさと笑いが同居していることを感じる、そんな世界だと思います。

次に〈人々のなかで〉の章から、天野忠の「動物園の珍しい動物」を見ましょう。動物園が舞台ですけれど、次の箇所まで来たときに、えっ？　と驚きます。

夜になって動物園の客が帰ると
「人嫌い」は内から鍵をはずし
ソッと家へ帰って行った

家へ帰るってどういうこと？　と、びっくりする展開です。

朝は客の来る前に来て

内から鍵をかけた

なんでしょう、まるで通勤ですね。動物園ですから、人が人以外の生き物を眺める場所だとばかり思うのですが、この「人嫌い」はどうも「人」そのもののようです。

人の目を通して人間という存在をおかしがる、という意味においては、先の石垣りん「着物」とも通じ合うところがあるといえるかもしれません。そして、そこには哀愁が漂うのです。ふだんは見えないこと、隠れていることが、詩の言葉を通して、ひと息に暴かれる。そんな感じもします。それゆえに、どきっとさせられ、驚きとともに、新たな視界を与えられるのです。

〈なんでもないことのようで〉の章からは、鈴木志郎康の「みかんの皮をむいた」を見てみたいと思います。なんでもないこと、些細な事柄にこそ、思いがけないおかしさの種が宿っている場合があります。短い詩なので、全文を引きます。

みかんを食べるのに
皮をむく

細かくすじを取る
冬になって
みかんを食べるとき
子供の頃からそうして来た
私はこんなことをして来たのか
アハハハ
と笑う

　おそらく、この詩に描かれている一連の行為のなかで、もっとも注目するべき部分は、三行目の「細かくすじを取る」なのでしょうね。みかんを口に入れる前に、白いすじを指ではがし取る。その動作に、はっとして、冬が来るたびに、みかんを食べるたびにこんなことをしてきたんだなあ、と改めて思う、というわけです。

　七行目に「こんなこと」とありますが、自分の動きに改めて意識を向けるなら、「こんなこと」とでもいわないわけにはいかないほどの、それはささやかな動きなのです。

そこに気がつくところに、この詩の、なんでもないようでありながら、なかなか言葉に書かれることの少ない行為を見つめる鋭さがあるのです。わざわざ言葉にされることの少ない事柄を、言葉に置き換えるときに突然、引きつるような笑いが生じる。作者はそれをよく知っているように思えます。

次に〈晴れる心〉の章を見ましょう。冒頭に、西脇順三郎の「太陽」を選びました。この詩は一九三三（昭和八）年に刊行された詩集『Ambarvalia』に収められた一編です。この詩集は、一九四七（昭和二二）年に『あむばるわりあ』として改訂再刊されました。よく知られていることですが、作者によって書き直された詩の数々が、もとのかたちとは異なるすがたで収録されています。「太陽」という詩もその一編で、次のように変えられました。

あの大理石の産地
カルモヂンの里に
夏を過した
ひばりもゐないし蛇も出ない

ただいびつの毒李の藪から
太陽がのぼり曲つて
また李の藪に沈んで行く
時々少年は小川の流れで
ドルフィンを捉へて笑つた

この巻に収めた「太陽」と、比べて読んでみてください。作者はどこを、なぜ書き換えたのだろう、と考えながら読んでみると、いろいろな想像がひろがります。ドルフィンは、イルカのことです。だからというわけではないのですが、この章には谷川俊太郎の「いるか」も入れました。「かっぱ」と並んで、ことばあそびの代表作の一つが「いるか」です。後半を引きます。

いるかいないか
いないかいるか
いるいるいるか

いっぱいいるか
ねているいるか
ゆめみているか

最後は「ゆめみているか」と終わるところが、余韻のひろがりを感じさせます。このような詩には、説明は無用ですね。音のおもしろさで読むことができます。生き物のイルカでありつつ、居る・居ないという意味とも通じているところが絶妙です。音の展開にスピード感があり、愉快です。その意味では、同じ章に入れた草野心平「河童と蛙」の言葉の進行にも、ユーモラスな踊りの躍動感と、楽しさがあります。

さて、穏やかな印象の笑い、ほほえみが表されている詩にも触れておきたいと思います。清岡卓行の「久しぶり」は、全文が四行で完結する短い作品です。

ほんとに久しぶりだね　と懐かしがると
照れ臭そうに　無精髭の顔をほころばせ

底近くまでおおきく欠けた　湯呑茶碗に
彼はお茶を　そっとそっと入れてくれる。

初めてこの詩を読んだときから、不思議な場面だなと思っています。底近くまで大きく欠けた湯呑、というのですから、お茶を入れても、入れる先からどんどんこぼれてしまいそうです。けれど、そのことは書かれていません。お茶を入れる彼の動作だけが「そっとそっと」と慎重さを強調するような表現で描かれているのです。

笑いは、もちろん「ほころばせ」という一語に表現されています。再会がうれしくてたまらない、そういう場面でしょう。久しぶりに会ったのですから、話したいことはたくさんあるかもしれません。言葉にするより、湯呑にお茶をつぐ動作そのものに、気持ちが表されている感じがします。あふれ、こぼれてしまうのは、お茶よりも、気持ちのほうなのかもしれません。

そもそも、この二人はどういう間柄なのでしょう。書かれていません。旧友かもしれませんね。歳月がもたらす隔たりを、軽く跳び越え、二人は再会を心から喜んでいる。そんなふうに見える詩です。そして、「入れてくれる。」で言葉が閉じられていることに、静かに打たれずにはいられません。その先はもう、ないのです。この詩がいうべきことはそれ以上はない、という意味です。それで充分だ、という世界なのです。

〈晴れる心〉の章の最後には、谷川俊太郎「わらう」を置きました。ひらがなだけで書かれた詩です。「わたし」と「おかあさん」の関係、そして長い時間やそこにひろがる感情を、じっと見つめている詩です。何度読んでも、なんて詩だろう、と思います。この詩は、おもしろおかしいことだけを取り出して笑いを表現しているわけではなく、むしろ哀しみに目を向けています。

いくつことばをおぼえても
かなしみはなくならない
だからいまここにわたしはいて
おかあさんにわらいかけるの

最後はこのように、すっと軽やかに終わっています。まるで雨雲の間から、にわかに光がさすような感じです。人間の感情は複雑で、哀しさとうれしさは、離れたところから眺めれば、深い関係にあるようです。

一人の人間が生きている時間は限られていて、だからこそ、喜びも哀しみも、深く味わうことができるのかもしれません。この詩の底には、そんな視点もあるのではないかと思います。

生きている限り、哀しみを完全に遠ざけることなどできません。「いくつことばをおぼえても」、それはなくならないのです。だからこそ、人が人に笑いかける瞬間には尊さが宿り、そこから生命にまつわる鋭い歓びが、はじけるように生じるのでしょう。

言葉よりも速くほほえみは届くという視点、つまり、身体の表現が持つ力が自然に描かれているところにも、この詩の魅力があると思います。ひそやかさとともに力強さを秘めている詩だと思い、何度も読み返したくなります。

先に、中原中也の「三歳の記憶」について触れましたが、中原中也には「芸術論覚え書」という箇条書きの批評があります。そのなかに、笑いについて述べられている箇所があります。

一、知れよ、面白いから笑ふので、笑ふので面白いのではない。面白い所では人は寧ろニガムシつぶしたやうな表情をする。やがてにつこりするのだが、ニガムシつぶしてゐる所が芸術世界で、笑ふ所はもう生活世界だと云へる。

そうかもしれないな、と思います。確かに、ものすごくおもしろいことに触れたその一瞬、笑い声を立てる以前に、むしろ当惑がもたらす深みへぐっと引きこまれる感覚があるような気がします。「芸術世界」と「生活世界」という対比の仕方も興味深いですね。中原中也はどうしてそんなことを考えたのだろう、と思います。

「生活世界」とは、まさに人間が生きる場そのものでしょう。そこへ隣接あるいは浸透し合うかたちで、「芸術世界」があって、人間は「生活世界」の有限性からほんのつかのまでも視線を移すことができる、ということかもしれません。

そのとき、限りある生命と人生は、ぱっと光を放つのでしょう。笑いがおさまった後にひろがるものは、もしかすると、うっすらとした寂しさや哀しみかもしれません。そんな喜怒哀楽の波に揺られ、また越えていくことこそ、じつは宝物のような時間ではないでしょうか。

心から、おなかの底から笑うと、なんだか気持ちがさっぱりしますね。感情のシャワーを浴びたみたいに。人間はいつから笑うようになったのでしょう。その記憶を、たどることはできませんけれど、おもしろいことに触れて、笑いが泉のように湧き上がるとき、なぜか、ああ人類に属しているんだな、と思うのです。

笑うとき、自分が人類に属していることを確認している気がするなんて、どういうわけだろう、と思います。花のように咲いては消えてゆく感情に気づくとき、この瞬間を忘れたくない、と強く思うのです。つらいこと、哀しいこともありますが、あたりをよく見まわせば、いままで気づかなかったおもしろいことも、きっと、いっぱいあるはずです。

編者紹介

蜂飼 耳（はちかい・みみ）

1974（昭和49）年、神奈川県生まれ。詩人、立教大学教授。早稲田大学大学院文学研究科修士課程修了。2000（平成12）年、第一詩集『いまにもうるおっていく陣地』で第5回中原中也賞を受賞。2006（平成18）年、詩集『食うものは食われる夜』で第56回芸術選奨文部科学大臣新人賞を受賞。その他の詩集に『隠す葉』『現代詩文庫・蜂飼耳詩集』など。2012（平成24）年、絵本『うきわねこ』（絵／牧野千穂）で第59回産経児童出版文化賞ニッポン放送賞を受賞。2016（平成28）年、詩集『顔をあらう水』で第7回鮎川信夫賞受賞。
小説に『紅水晶』『転身』など。文集に『孔雀の羽の目がみてる』『空を引き寄せる石』『秘密のおこない』『空席日誌』『おいしそうな草』などがある。

大人になるまでに読みたい15歳の詩⑥　**わらう**

2017年12月25日　第1版第1刷発行　2025年7月25日　第3刷発行
［編者］　蜂飼 耳
［発行者］　鈴木一行
［イラストレーション・装幀・カット］　小椋芳子

［発行所］　株式会社ゆまに書房
〒101-0047　東京都千代田区内神田2-7-6
tel. 03-5296-0491 / fax. 03-5296-0493
http://www.yumani.co.jp
［組版・印刷・製本］　新灯印刷株式会社

ISBN978-4-8433-5216-8 C1392